Rogério Coel

ESPIRITISMO:

Antigos Conceitos, Novo Entendimento

A partir de uma
mensagem do
Espírito André Luiz,
por meio de
Chico Xavier

MYTHOS BOOKS

Título da Obra
ESPIRITISMO: ANTIGOS CONCEITOS, NOVO ENTENDIMENTO
Autor
ROGÉRIO COELHO

Projeto Gráfico e Diagramação
FLAVIO F. SOARES
Design de Capa
PACOS SERVIÇOS GRÁFICOS
Revisão
CAMILA ANDRADE
Distribuição e Clubes do Livro
ADRIANA FERREIRA SILVA COSTA
adriana@mythoseditora.com.br
Este Livro foi impresso na Graphium Gráfica e Fotolito Ltda.
Mythos Editora Ltda.
Av. Diógenes Ribeiro de Lima, 753 — São Paulo — SP — CEP: 05458-001
Tel.: (11) 3024-6600
www.mythoseditora.com.br

Dados Internacionais de Catalogação na Publicação (CIP)
(Câmara Brasileira do Livro, SP, Brasil)

Luiz, André (Espírito).
Espiritismo : antigos conceitos, novo entendimento / a partir de uma mensagem do espírito André Luiz, por Chico Xavier ; [comentários e compilação] Rogério Coelho. -- São Paulo : Mythos Editora, 2012.

ISBN 978-85-7867-091-7

1. Espiritismo - Doutrinas 2. Espiritismo - Estudo 3. Psicografia I. Xavier, Francisco Cândido, 1910-2002. II. Coelho, Rogério. III. Título.

12-06717 CDD-133.93

Índices para catálogo sistemático:

1. Mensagens psicografadas 133.93

"(...) Os cristãos não se entenderam quanto à interpretação das palavras do Mestre, veladas, as mais das vezes, pela alegoria e pelas figuras da linguagem. Daí o fato de nascerem, sem demora, numerosas seitas, pretendendo todas possuir, exclusivamente, a verdade. Não bastassem dezoito séculos para pô-las de acordo, eis que olvidaram o mais importante dos preceitos divinos, o que Jesus colocou por pedra angular do seu edifício e como condição expressa da salvação: a caridade, a fraternidade e o amor ao próximo..."

"Eis que os antigos vos diziam... Eu, porém vos digo..."

Jesus

"Somente um novo compreender, um novo querer, um novo viver é que podem redimir o homem de suas maldades, e, finalmente, de todos os seus males."

Huberto Rohden

"O Consolador vos ensinará todas as coisas, e vos fará lembrar de tudo quanto vos tenho dito".

Jesus. (João, 14:26)

"Através de **O Livro dos Espíritos**, *Allan Kardec enseja o descortino das paisagens da vida além da vida e restabelece, mediante linguagem nova, a velha e sempre atual moral cristã, por muitos séculos esquecida ou desconsiderada".*

Marco Prisco

Índice

PREFÁCIO

Colocando o progresso moral como consequência do progresso intelectual – por aclarar, este último, a compreensão do bem e do mal (ensejando, assim, escolhas melhores)–, a Doutrina Espírita prescreve a busca do conhecimento, em estudo e meditação acurados e perseverantes, como um dos sustentáculos da evolução. Daí encontrarmos reiteradas vezes, na fala de Benfeitores Espirituais, a exortação para que nos guardemos e nos aprofundemos na reflexão da Verdade, a fim de que tenhamos norteamento seguro e base sólida para a prática do Bem, no rumo seguro da Plenitude. Como no capítulo 7 da obra *Doutrina e vida,* psicografada por Chico Xavier (edição CEU), no qual nos conclama Dr. *Bezerra* de Menezes: "*Allan Kardec nos estudos, nas cogitações, nas atividades, nas obras, a fim de que nossa fé não se faça hipnose, pela qual o domínio da sombra se estabelece sobre as mentes mais frágeis, acorrentando-as a séculos de ilusão e sofrimento*".

Eis que nos chega às mãos nova e oportuna obra do estimado confrade Rogério Coelho, estimulando-nos e facilitando-nos a leitura ou releitura de tópicos essenciais da Codificação Espírita, os quais se fazem mais e mais preciosos na atualidade – não só para consolidarmos a *certeza* da característica de *verdade progressiva* do Espiritismo, como também para melhor aquilatarmos a dimensão espiritual do Apóstolo que lhe assentou os fundamentos e o estruturou perfeitamente acorde com suas finalidades. Obviamente não teve o autor a intenção de esgotar assuntos ou estender-se em comentários que pretendessem suplantar os originais. Em dedicado exercício de pesquisa, compila textos que mais lhe chamam a atenção, pontuando-os com comentários que lhe brotam da inspiração e do entendimento. Desta forma, conduz-nos, no veículo da curiosidade sadia, por caminhos de Jesus, balizados por Kardec, Denis, Emmanuel, André Luiz, Joanna de Angelis, entre outros Luminares!...

Em trazendo à tona *Antigos Conceitos,* para que, junto a seguros Condutores da Razão e do Sentimento, passemo-los pelo crivo da modernidade científica, Rogério enseja-nos delicioso exercício de revitalização do Saber e da Fé, mas, sobretudo, estende-nos o abrigo da Consolação – sim, da Consolação, pois que, tendo confirmadas e ampliadas as verdades ternamente enunciadas pelo Rabi Galileu há mais de vinte séculos, é como se hoje, neste tempo crucial de *aceleradas* mudanças, *ainda* Lhe registrássemos a dulçorosa voz: *"...eis que eu estou convosco, todos os dias, até a consumação dos tempos."* (Mt, 28:20)

Aproveitemos, assim, o esforço do nobre amigo Rogério, para quem rogamos a Jesus bênçãos crescentes de Paz e Luz!

Alcione Andries Lopes, Juiz de Fora (MG), verão de 2012.

PALAVRAS INICIAIS

Conceitos ancestrais ampliam-se e aprofundam-se quando banhados pelas águas lustrais do conhecimento espírita. Novos enfoques nunca dantes vislumbrados descerram-se à nossa compreensão, ampliando o nosso entendimento sobre as magnas questões da vida e do viver...

Assim, a palavra *"adultério"*, por exemplo, quando compreendida sob as luzes da Doutrina Espírita, não caracteriza tão somente um ato passional de traição conjugal, mas, num sentido mais geral – visto que Jesus, muitas vezes, empregou-a para designar o mal –, todo e qualquer pensamento mau. Temos como exemplo esta passagem[1]: *"Porquanto se alguém se envergonhar de mim e de minhas palavras, dentre essa raça adúltera e pecadora, o Filho do homem também se envergonhará dele"*. O nobre discípulo de Jesus registrou[2]: *"(...) Aquele que houver olhado uma mulher com mau desejo para ela, já em seu coração cometeu adultério com ela"*. Vemos, assim, como se amplia o significado, elucidando novos sentidos de um simples verbete. Assim como esta, existem muitas outras palavras tão exaustivamente empregadas que acabaram por perder o sentido original atribuído a sua etimologia, vulgarizadas que foram pela tradição. Urge, porém, remodelá-las à luz do Espiritismo e colocá-las no pedestal de seus verdadeiros significados.

Ensina Allan Kardec[3]: *"O Espiritismo* ***desenvolve, completa e explica****, em termos claros, sem ambiguidades, e para toda gente, o que foi dito apenas sob forma alegórica. Vem cumprir, nos tempos preditos, o que o Cristo anunciou*[4] *e preparar a realização das coisas futuras."*

A motivadora para a composição deste livro foi uma página de André Luiz psicografada por Chico Xavier, na qual o nobre Mentor renova, à luz da nova Doutrina dos Espíritos, alguns conceitos

---

1 - KARDEC, Allan. O Evangelho Seg. o Espiritismo. 129.ed. Rio [de Janeiro]: FEB, 2009, cap. VIII, item 6.

2 - Marcos, 8:38.

3 - KARDEC Allan. O Evangelho Segundo o Espiritismo. 121.ed.Rio: FEB, 2003, cap. I, item 7.

4 - Jo., 14:26.

bem desgastados, mal conhecidos e sofrivelmente interpretados, tais como: [5]

ESPÍRITO SANTO: falange dos Emissários da Providência que superintende os grandes movimentos da Humanidade na Terra e no Plano Espiritual.

REINO DE DEUS – estado de sublimação da alma, criado por ela própria por meio de reencarnações incessantes.

CÉU – esferas espirituais santificadas onde habitam Espíritos Superiores que exteriorizam, do próprio íntimo, a atmosfera de paz e felicidade.

MILAGRE – designação de fatos naturais cujos mecanismos, embora familiares à Lei Divina, ainda se encontram defesos ao entendimento fragmentário da criatura.

MISTÉRIO – parte ignorada das Normas Universais que, paulatinamente, é identificada e compreendida pelo espírito humano.

SOBRENATURAL – definição de fenômenos que ainda não se incorporam aos domínios do hábito.

SANTO – atributo dirigido a determinadas pessoas que aparentemente atenderam, na Terra, à execução do próprio dever.

TENTAÇÃO – posição pessoal de cativeiro interior a vícios instintivos que ainda não conseguimos superar por nós mesmos.

DIA DO JUÍZO – oportunidade situada entre dois períodos da existência da alma, que se referem à sementeira de ações e à renovação da própria conduta.

SALVAÇÃO – libertação e preservação do espírito contra o perigo de maiores males no próprio caminho, a fim de que se confie à construção da própria felicidade nos domínios do bem, elevando-se a passos mais altos em direção à sua evolução.

Ainda André Luiz, por meio das abendiçoadas mãos de Chico Xavier, ensina[5]:

"O Espiritismo tem por missão fundamental, entre os homens, a reforma interior de cada um, fornecendo explicações em relação ao porquê dos destinos, razão pela qual muitos conceitos usuais são por ele restaurados ou corrigidos, a fim de que se faça luz nas consciências e consolo nos corações. Assim como o Cristo não veio destruir a Lei, mas sim para

5 - XAVIER Francisco C. O Espírito da Verdade. 3.ed.Rio: FEB, 1977, cap. 8.

cumpri-la, a Doutrina Espírita não veio desdizer os ensinos do Senhor, mas desenvolvê-los, completá-los e explicá-los *'em termos claros e para toda a gente, quando foram ditos sob formas alegóricas'"*.

Segundo Allan Kardec,[6] "(...) os fenômenos espíritas vêm hoje lançar uma luz toda nova sobre certos efeitos relegados, até então, ao domínio fantástico do maravilhoso, permitindo-nos saber o que é possível e o que é impossível..."

Primeiramente, o que é o maravilhoso? Os céticos respondem: é tudo que, estando fora das leis da Natureza, é impossível. Depois, acrescentam: se os relatos antigos são férteis em fatos desse gênero, isso se deve ao amor do homem pelo maravilhoso. Mas de onde vem esse amor? Isto eles não dizem, e é o que vamos tentar explicar: aquilo que o homem chama de maravilhoso o transporta pelo pensamento além dos limites do conhecido, e representa a aspiração íntima por uma melhor ordem das coisas. Essa aspiração vem da intuição que ele tem de que certa ordem de coisas deve existir. Não a encontrando sobre a Terra, procura-a na esfera do desconhecido. Mas não seria essa própria aspiração um indício providencial de que há alguma coisa além da vida corpórea? O homem compreende intuitivamente que há, fora do mundo visível, um poder do qual faz uma ideia mais ou menos justa, segundo o desenvolvimento de sua inteligência, e muito naturalmente vê a ação *direta* desse poder em todos os fenômenos que ele não compreende. Uma multidão de fatos hoje perfeitamente explicados e já situados no domínio das leis naturais passavam outrora por maravilhosos. Disso resulta que todos os homens que possuem faculdades ou conhecimentos superiores ao vulgo passam a ter uma porção desse poder invisível, ou ter nele seu poder, e foram chamados mágicos ou feiticeiros. A opinião da Igreja tendo feito prevalecer que esse poder, quando exercido fora de seu seio, não podia provir senão de Espíritos maléficos nos tempos de barbárie e de ignorância, fazia com que fossem queimados na fogueira os pretensos mágicos ou feiticeiros.

Alguns críticos argumentam: onde encontrais mais relatos maravilhosos? Não é na Antiguidade, nos povos selvagens, nas clas-

---

6 - KARDEC, Allan. Revue Spirite. Outubro de 1862, Araras: IDE, 1993. p.p. 291-294.

ses menos esclarecidas?! Não é, portanto, uma prova de que são o produto da superstição, filha da ignorância?!

Da ignorância, é incontestável, e isto por uma razão muito simples: os antigos, que sabiam menos do que nós, não eram menos tocados pelos mesmos fenômenos; conhecendo menos causas verdadeiras, procuravam as causas sobrenaturais para as coisas mais naturais. Por isso, com a ajuda da imaginação, secundada pelo medo de um lado e do outro pelo gênio poético, criavam contos fantásticos amplificados pelo gosto da alegoria, particular aos povos do Oriente. Um exemplo disto é Prometeu, que, por ter roubado o fogo do Céu, foi condenado a ter seu fígado consumido por uma ave – ele deveria representar um ser sobre-humano punido por sua temeridade, por ter impiedade sobre os direitos de Júpiter; Franklin, o Prometeu moderno, é para nós simplesmente um sábio.

Tendo a ciência esclarecido uma multidão de fatos, situando-os dentro de uma ordem natural, reduziu muito os fatos maravilhosos. Mas explicou tudo? Conhece todas as leis que regem os mundos? Não tem nada mais a aprender? Cada dia surge um desmentido a essa orgulhosa pretensão!... Não tendo, pois, pesquisado todos os segredos de Deus, disso resulta que muitos fatos antigos estão ainda inexplicados. Ora, não admitindo como possível o que cientificamente não se compreende, acha mais simples chamá-los maravilhosos, fantásticos, quer dizer, inadmissíveis para a razão; aos seus olhos, são impostores todos os homens que se considera terem produzido atos ditos sobrenaturais.

A lei de gravitação universal abriu um novo caminho para a ciência, e solucionou inúmeros fenômenos sobre os quais se construíram teorias absurdas; a lei das afinidades moleculares veio lhe dar um novo passo; a descoberta de um mundo microscópico abriu-lhe novos horizontes; a eletricidade, a seu turno, veio revelar-lhe uma nova força, da qual ela não supunha. A cada uma dessas descobertas, viram-se resolver muitas dificuldades e problemas, mistérios incompreendidos ou falsamente interpretados. Mas quantas coisas restam ainda a esclarecer? Não se pode admitir a descoberta de uma nova lei, de uma nova força vindo lançar luz sobre os pontos ainda obscuros? Pois bem! É uma nova força que o Espiritismo vem revelar, *representada pela ação do mundo invi-*

sível sobre o mundo visível. Mostrando nessa ação uma lei natural, recua ainda os limites do maravilhoso e do sobrenatural, porque explica uma multidão de fatos que pareciam inexplicáveis, assim como outros eram antes da descoberta da eletricidade.

O Espiritismo limita-se a admitir o mundo invisível como hipótese e como meio de explicação? Não, porque isso seria explicar o desconhecido pelo desconhecido. *Ele prova a sua existência por fatos patentes, irrecusáveis,* como o microscópio provou a existência do mundo dos infinitamente pequenos.

Estando, pois, demonstrado que o mundo invisível nos rodeia e que esse mundo é essencialmente inteligente, uma vez que se compõe das almas dos homens que viveram, concebe-se facilmente que ele possa desempenhar um papel ativo no mundo visível, e produzir fenômenos de uma ordem particular. São esses fenômenos que a ciência, incapaz de explicar pelas leis conhecidas, chama de maravilhosos. Tais fenômenos – uma lei da Natureza –, produziram-se em todos os tempos. Ora, como fundamentam-se sobre a ação de uma força fora da Humanidade, e o princípio de todas as religiões é prestar honras a essa força, eles serviram de base a todas elas. Eis porque nos relatos antigos, do mesmo modo que todas as teogonias, formigam alusões e alegorias concernentes às relações do mundo invisível com o visível, que são ininteligíveis se não se conhecem essas relações; querer explicá-las sem isso é querer fazê-lo com os fenômenos elétricos sem considerar a eletricidade. Esta lei da Natureza é a chave que vai abrir a maioria dos santuários misteriosos da Antiguidade, e uma vez reconhecida, os historiadores, arqueólogos e filósofos verão desenrolar-se, diante deles, um horizonte inteiramente novo, e a luz far-se-á sobre os pontos mais obscuros. Se esta lei ainda encontra oposição, ela tem isso em comum com tudo que é novo; isto remete, ademais, ao Espírito materialista que domina nossa época, e também à ideia que se faz do Mundo Invisível, de tal modo falsa que a incredulidade é-lhe a consequência.

"O Espiritismo não só demonstra a existência do mundo espiritual, mas apresenta-o sob um aspecto de tal modo lógico que a dúvida não tem mais razão de ser naquele que se dá ao trabalho de estudá-lo conscienciosamente".

Em um artigo escrito[7] pelo nosso confrade Josef Jackulat, ele conta que Kardec "(...) tinha um caráter calmo, o pensamento lógico e racional, a inteligência extraordinária que lhe ajudaram a seguir um caminho novo, embora cheio de obstáculos e de ataques pela cultura intolerante, uma vez que suas argumentações sábias desmontavam os argumentos contraditórios e os preconceitos mantidos contra a nova ciência ainda num estágio embrionário". Dono de uma fé inquebrantável, trabalhou entusiasmado, conduzido pelos nobres Guias espirituais e acolitado pela esposa devotada, a suave Amélie. Ajudado por fiéis companheiros e pelos médiuns – conforme ele denominou aqueles que se faziam instrumento dos Espíritos – , e o pensamento destes, abriu os fascinantes horizontes de uma Era Nova na Terra. A essa extraordinária ciência, que ele apresentou como resultado do estudo dos fenômenos paranormais, denominou Espiritismo. Foi o este o motivo de seus sacrificios e de sua abnegação, tendo em vista que toda ideia nova sempre provoca reações perversas nos acomodados e ignorantes. Mas assim como a sombra não consegue anular a luz, ninguém logra combater a verdade com o êxito que gostaria. O seu amor a Jesus e à Verdade levou-o à vitória e o fez especial entre os grandes Espíritos que a Terra houvera hospedado.

Era Kardec um abnegado cristão, cuja religiosidade ensinou-nos a libertar-nos dos infelizes conceitos em torno de um Deus cruel, castigador, que permite as catástrofes, guerras, doenças e outros sofrimentos como punição inclemente, mostrando-nos Deus como a *inteligência suprema e causa primeira de todas as coisas*, todo amor e misericórdia.

Era ainda o grande filósofo que alargou os nossos conhecimentos em face da proposta científica sobre a criação do Universo e, por consequência, da Terra e do ser humano, conforme o demonstram na atualidade a Cosmologia, a Paleontologia e a Embriogenia. Com isto, liberou-nos, ao mesmo tempo, do medo do inferno e da fantasia que tomava o Céu como lugar de repouso eterno, porém demonstrando que ambos existem em nossa consciência.

Era Kardec um genial cientista e pesquisador, que nos esclareceu os aparentes mistérios em torno da vida e da morte, oferecendo-nos a certeza da Imortalidade do Espírito e da vida espiritual

7 - Revista Presença Espírita de setembro/outubro de 2004, p. 58.

– o que anula a morte. Além disso, apresentou-nos a Justiça Divina que se revela por meio da reencarnação e de uma ética moral totalmente baseada no Evangelho.

A partir do surgimento do Espiritismo, nova claridade passou a iluminar pouco a pouco o nosso *Planeta Azul*, estimulando os seus habitantes para que houvesse a renovação interior, conforme o Mestre Galileu já nos havia convidado, como primeiro passo para a libertação da cadeia do egoísmo mortífero e dos instintos animais ainda predominantes em nosso íntimo. Tornou-se-nos, então, mais fácil a caminhada na direção da felicidade e da plenitude, vivenciando o postulado da caridade sem a qual não há salvação. Esta é a proposta do insigne Benfeitor, e para a qual ele vivia, com o exemplo da sua vida devotada à Humanidade, bem como pelo seu amor ao próximo, a Jesus e a Deus.

Por essas e outras razões, podemos afirmar – sem receio – que Allan Kardec foi, sem dúvida, um singular artesão da sabedoria.

DA FIDELIDADE A JESUS E A KARDEC

> "Se algum dia eu disser algo diferente do que disseram Jesus e Kardec, fique com Eles e abandone-me."
>
> - Emmanuel

Lúcidas e coerentes, como sempre, as palavras de Emmanuel em epígrafe foram dirigidas ao médium Chico Xavier, quando aquele pretendia utilizar-se dos recursos mediúnicos deste para o trabalho de divulgação da Doutrina dos Espíritos.

O caminho seguido pelas informações dos Espíritos passou primeiro por dois poderosos filtros chamados Jesus e Kardec, para em seguida serem enfeixadas em síntese em *O Livro dos Espíritos* e ampliadas depois nos livros: *O Livro dos Médiuns, O Evangelho Segundo o Espiritismo, O Céu e o Inferno* e *A Gênese,* que constituem o Pentateuco doutrinário, indivisível bloco monolítico...

Assim, todo livro subsidiário não poderá deslocar-se da órbita desses livros, que são a base do Espiritismo. Destarte, quem deseja escrever ou falar sobre Espiritismo, *deve necessariamente* balizar-

-se pelos parâmetros básicos, sob pena de produzir conteúdos considerados apócrifos devido à não-observância de tais critérios.

"Espíritas, amai-vos; Espíritas instruí-vos" é a sempre oportuna conclamação do Espírito de Verdade. Instruamo-nos, principalmente nas fontes básicas, o que nos ensejará maiores condições de avaliar e separar o joio do trigo.

No livro *A Gênese*, logo no primeiro capítulo, mais precisamente no item 52, Kardec faz notar que "(...) em parte alguma, o ensino Espírita foi dado integralmente... Ele diz respeito a tão grande número de observações, a assuntos tão diferentes, exigindo conhe-cimentos e aptidões mediúnicas, que impossível era acharem-se reunidas num mesmo ponto todas as condições necessárias. Tendo o ensino que ser coletivo e não individual, os Espíritos dividiram o trabalho, disseminando os assuntos de estudo e observação como, em algumas fábricas, a confecção de cada parte de um mesmo objeto é repartida por diversos operários.

A revelação fez-se, assim, parcialmente em diversos lugares e por uma multidão de intermediários e é dessa maneira que prossegue ainda, pois nem tudo foi revelado. Cada centro encontra nos outros centros o complemento do que obtém, e foi o conjunto, a coordenação de todos os ensinos parciais que constituíram o Espiritismo.

Era, pois, necessário grupar os fatos espalhados, para se lhes apreender a correlação, reunir os documentos diversos, as instruções dadas pelos Espíritos sobre todos os pontos e sobre todos os assuntos, para compará-las, analisar, estudar-lhes as analogias e as diferenças. Vindo as comunicações de Espíritos de todas as partes, de todas as ordens, mais ou menos esclarecidos, era preciso apreciar o grau de confiança que a razão permita conceder-lhes, distinguir as ideias sistemáticas individuais ou isoladas das que tinham a sanção do ensino geral dos Espíritos, as utopias das ideias práticas, afastar as que eram notoriamente desmentidas pelos dados da ciência positiva e da lógica, utilizar igualmente os erros, as informações fornecidas pelos Espíritos, mesmo os da mais baixa categoria, para conhecimento de estado do mundo invisível e formar com isso um todo homogêneo.

Era preciso, numa palavra, um centro de elaboração, independente de qualquer ideia preconcebida, de todo prejuízo de seita, *resolvido a aceitar a verdade tornada evidente, embora contrária às opiniões pessoais.* Este centro se formou por si mesmo, pela força das coisas e sem desígnio premeditado."

Cabe aqui uma pergunta: "O Espiritismo estará preservado dos cismas?"

"Não, certamente," – responde Kardec no livro *Obras Póstumas*, no capítulo referente à constituição do Espiritismo – "(...) porque terá, sobretudo no começo, de lutar contra as ideias pessoais, sempre absolutas, tenazes, refratárias a se amalgamarem com as ideias dos demais; e contra a ambição dos que, a despeito de tudo, se empenham por ligar seus nomes a uma inovação qualquer; – dos que criam novidades só para poderem dizer que não pensam e agem como os outros, pois lhes sofre o amor-próprio por ocuparem uma posição secundária.

Se, porém, o Espiritismo não puder escapar às fraquezas humanas com as quais se tem de contar sempre, pode, todavia, neutralizar-lhes as consequências e isso é essencial. Consequentemente, seitas poderão formar-se ao lado da Doutrina, seitas que não lhe adotem os princípios ou todos os princípios, porém, não dentro da Doutrina, por efeito da interpretação dos textos, como tantas se formaram sobre o sentido das próprias palavras do Evangelho. É esse um *primeiro ponto* de capital importância.

O segundo ponto está em não se sair do âmbito das ideias práticas. Se é certo que a utopia da véspera se torna – muitas vezes – a verdade do dia seguinte, deixemos que o dia seguinte realize a utopia da véspera, porém, não atravanquemos a Doutrina de princípios que possam ser considerados quiméricos e fazer que a repilam os homens positivos.

O terceiro ponto, enfim, é inerente ao caráter essencialmente progressivo da Doutrina. Pelo fato de ela não se embalar com sonhos irrealizáveis, não se segue que se imobilize no presente. Apoiada tão-só nas Leis da Natureza, não pode variar mais do que estas leis; mas, se uma nova lei for descoberta, tem ela de se por de acordo com essa lei. Não lhe cabe fechar a porta a nenhum progresso, sob pena de se suicidar. Assimilando todas as ideias reconhecidamente justas, de qualquer ordem que sejam, físicas ou metafísicas, ela jamais será ultrapassada, constituindo isso uma das principais garantias da sua perpetuidade.

Acrescentamos que a tolerância, fruto da caridade, que constitui a base da Doutrina Espírita, lhe impõe como um dever respeitar todas as crenças. Querendo ser aceita livremente, por convicção e não por constrangimento, proclamando a liberdade de consciência um direito natural imprescritível, diz: "*Se tenho razão, todos acabarão por pensar como eu; se estou em erro, acabarei por pensar como os outros.*"

Em virtude desses princípios, não atirando pedras a ninguém, ela nenhum pretexto dará para represálias e deixará aos dissidentes toda a responsabilidade de suas palavras e seus atos."

"(...) Não faltarão intrigantes, pseudoespíritas, que queiram elevar-se por orgulho, ambição ou cupidez; outros que estadeiem pretensas revelações com o auxílio das quais procurem salientar-se e fascinar as imaginações por demais crédulas. É também de prever que, sob falsas aparências, indivíduos haja que tentem apoderar-se do leme, com a ideia preconcebida de fazerem soçobrar o navio, desviando-o de sua rota. O navio não soçobrará, mas poderia sofrer prejuízos como atrasos que se devem evitar."

Rogério Coelho

01
AS IDEIAS ESPÍRITAS

As ideias Espíritas vêm *ratificar* as palavras de Jesus e *retificar* tudo aquilo que o homem acrescentou indevidamente às ideias cristãs

"Penhor de ordem e tranquilidade, as ideias Espíritas, pela sua influência tornam melhores os homens uns para com os outros, menos ávidos das coisas materiais e mais resignados..."
Allan Kardec

Explica o ínclito Mestre Lionês[8]: "Fora presumir demais da natureza humana supor que ela possa transformar-se de súbito, por efeito das ideias Espíritas. A ação que estas exercem não é certamente idêntica, nem do mesmo grau, em todos os que as professam. Mas, o resultado dessa ação, qualquer que seja, ainda que extremamente fraco, representa sempre uma melhora. Será, quando menos, o de dar a prova da existência de um mundo extracorpóreo, o que implica a negação das doutrinas materialistas. Isto deriva da só observação dos fatos, porém, para os que compreendam o Espiritismo filosófico e nele veem outra coisa que não somente fenômenos mais ou menos curiosos, diversos são os seus efeitos:

O primeiro e mais geral, consiste em desenvolver o sentimento religioso até naquele que, sem ser materialista, olha com absoluta indiferença para as questões espirituais. Daí lhe advém o desprezo pela morte. Não dizemos o desejo de morrer; longe disso, porquanto o Espírita defenderá sua vida como qualquer outro, mas uma indiferença que o leva a aceitar, sem queixa, nem pesar, uma morte inevitável, como coisa mais de alegrar do que de temer, pela certeza que tem no estado que se lhe segue.

8 - KARDEC, Allan. O Livro dos Espíritos. 88.ed. Rio: FEB, 2006, conclusão, tomos VII e VIII.

O segundo efeito, quase tão geral quanto o primeiro, é a resignação nas vicissitudes da vida. O Espiritismo dá a ver as coisas de tão alto, que, perdendo a vida terrena três quartas partes da sua importância, o homem não se aflige tanto com as tribulações que a acompanham. Daí, mais coragem nas aflições, mais moderação nos desejos; daí, também, o banimento da ideia de abreviar os dias da existência, por isso que a ciência Espírita ensina que, pelo suicídio, sempre se perde o que se queria ganhar.

A certeza de um futuro, que temos a faculdade de tornar feliz, a possibilidade de estabelecermos relações com os entes que nos são caros, oferecem ao Espírita suprema consolação. O horizonte se lhe dilata ao infinito, graças ao espetáculo a que assiste da vida de além-túmulo, cujas misteriosas profundezas lhe é dado sondar.

O terceiro efeito é o de estimular no homem a indulgência para com os defeitos alheios. Todavia, cumpre dizê-lo, o princípio egoísta e tudo que dele decorre são o que há de mais tenaz no homem e, por conseguinte, de mais difícil de desarraigar. Toda gente faz voluntariamente sacrifícios, contanto que nada custem e de nada privem. Para a maioria dos homens, o dinheiro tem ainda irresistível atrativo e bem poucos compreendem a palavra 'supérfluo', quando de sua pessoa se trata. Por isso mesmo, a abnegação da personalidade constitui sinal de grandíssimo progresso."

Perguntam algumas pessoas: ensinam os Espíritos qualquer moral nova, qualquer coisa superior ao que disse o Cristo? Se a moral deles não é senão a do Evangelho, de que serve o Espiritismo? Este raciocínio se assemelha notavelmente ao do califa Omar, com relação à biblioteca de Alexandria: *"Se ela não contém"*, dizia ele," *mais do que está no Alcorão, é inútil. Logo, deve ser destruída. Se contém coisa diversa, é nociva. Logo, também deve ser queimada.*"

Não, o Espiritismo não traz moral diferente da de Jesus. Mas, por nossa vez, perguntamos: antes que viesse o Cristo, não tinham os homens a lei dada por Deus a Moisés? A Doutrina do Cristo não se acha contida no Decálogo? Dir-se-á, por isso, que a moral de Jesus era inútil?! Perguntaremos, ainda, aos que negam utilidade à moral Espírita: *por que tão pouco praticada é a do Cristo?* E por que, exatamente os que com justiça lhe proclamam a sublimidade, são os primeiros a violar-lhe o preceito capital: *o da caridade universal?* Os Espíritos vêm não só confirmá-la, mas também mostrar-nos a sua utilidade prática. Tornam inteligíveis e patentes verdades que haviam sido ensinadas sob a forma alegórica. E, justamente com a moral, trazem-nos a definição dos mais abstratos problemas de psicologia.

"Jesus veio mostrar aos homens o caminho do verdadeiro bem".

As ideias Espíritas vêm *ratificar* as palavras de Jesus e *retificar* tudo aquilo que, por egoísmo e interesses sem importância, o homem acrescentou às ideias cristãs. Espiritismo é o Cristianismo redivivo, puro e cristalino tal qual Jesus lecionou.

02
DA EXISTÊNCIA DE DEUS

"Aquele que me enviou é verdadeiro."
Jesus (Jo., 8:26.)

Jesus, como ninguém fizera antes, trouxe à Humanidade a certidão da Paternidade Divina. Ele nos mostrou em todos os momentos que Deus é amor, misericórdia, Pai desvelado que não deserda ninguém, e alterou o desenho sinistro sobre Deus esboçado por Moisés, revelando-O infinito em bondade e sabedoria.

O médium Chico Xavier revelou, em certa ocasião, que não há nada que possa entristecê-lo mais do que estar diante de alguém que se confessa ateu. Realmente, é causa de profundo pesar e ficamos imaginando o vácuo que se abisma ao redor de tão infeliz criatura.

Em suas incursões iniciais aos inesgotáveis reservatórios do Infinito, Allan Kardec preocupou-se logo em clarear as questões em torno da figura Singular e Inigualável do Pai Celestial, obtendo dos Espíritos Amigos a portentosa síntese com a qual dá início às 1.019 questões de *O Livro dos Espíritos*: - *"Deus é a Inteligência Suprema, Causa primária de todas as coisas"*.

Mas, não querendo deixar margem a dúvidas posteriores, Kardec volta à carga, perguntando[9]: – "Onde se pode encontrar a prova da existência de Deus?" – "Num axioma que aplicais às vossas ciências. Não há efeito sem causa. Procurai a Causa de tudo o que não é obra do homem e a vossa razão responderá."

Completa o Codificador do Espiritismo: *"Para crer-se em Deus, basta que se lance o olhar sobre as obras da Criação. O Universo existe, logo tem uma Causa. Duvidar da existência de Deus é negar que todo efeito tem uma causa e avançar que o nada pôde fazer alguma coisa. (...) Não podendo nenhum ser humano criar o que a Natureza produz, a Causa Primária é, conseguintemente, uma Inteligência Superior à Humanidade."*

---

9 - KARDEC, Allan. O Livro dos Espíritos. 88.ed. Rio [de Janeiro]: FEB, 2006, q. nº. 4.

Analisemos a lógica de André Luiz quando estuda essa questão[10]:

"Se admitimos: um autor para o livro que lemos; um artista para a arte que admiramos; um construtor para o avião que cruza os ares; um fabricante para o automóvel que facilita nossa vida; um compositor para a música que nos encanta; um engenheiro para o edifício; um descobridor para o remédio; e se, achamos extremamente ridículo afirmar que o relógio e a caneta existem, sem que alguém os tenha feito, é lógico, pois, que continuar negando Deus como o Supremo Criador e atribuindo ao acaso a origem do Universo é realmente ausência de bom senso e sinal indiscutível de teimosia e orgulho."

---

10 - FILHO, Antônio Baduy. Decisão. 2.ed.Araras: IDE, 1991, cap. 29.

03
DEUS E O INFINITO

Desconsiderando os atributos de Deus os pensadores se equivocam

"A carne e o sangue não podem herdar o Reino de Deus."
Paulo. (I.Cor., 15:50.)

Corroborando a assertiva Paulina, Kardec obtém dos Benfeitores da Humanidade[11] apontamentos interessantes e oportunos que, em última análise são, ao mesmo tempo, conselhos e esclarecimentos para os estudiosos das questões metafísicas que orientam quanto ao foco do real interesse para a evolução, impedindo que os mesmos se percam nos labirintos do insondável e da extemporaneidade... Dizem eles[11]:

"Quando não mais estiver o Espírito obscurecido pela matéria; quando, pela sua perfeição, se houver aproximado de Deus, será dado ao homem compreender o mistério da Divindade.

Embora não possamos compreender a natureza íntima de Deus, podemos formar ideia de algumas de Suas perfeições. Compreendemo-las melhor à proporção que nos elevamos acima da matéria, entrevendo-as pelo pensamento. Não sabemos tudo o que Ele é, mas sabemos o que Ele não pode deixar de ser: Ele é Eterno, Infinito, Imutável, Imaterial, Único, Onipotente, Onisciente, soberanamente Justo e Bom. Aí está o *eixo* de todo e qualquer raciocínio. Sem esse *eixo*, jamais conheceríamos a Verdade".

Os equívocos dos pensadores começam a partir do instante em que desconsideram os atributos de Deus.

A crença na unicidade da existência, por exemplo, é um equívoco de todo aquele que não se utiliza de tal *eixo* por parâmetro de seu raciocínio. Como conciliar a Bondade e Justiça de Deus com a unicidade da existência?! Como considerá-LO Bom e Justo ante toda a sorte de desníveis sociais, econômicos, de saúde, etc.? Onde

11 - KARDEC, Allan. O Livro dos Espíritos. 88.ed. Rio [de Janeiro]: FEB, 2006, questões 10 a 16.

fica a Sua onisciência se, ao criar um Espírito, Ele já sabe que seu destino será o inferno das penas Eternas? Logo, se Ele sabe de antemão a respeito desta condenação irremissível, onde fica a Sua bondade?

Continuaremos a nos equivocar todas as vezes que não balizarmos os nossos raciocínios nos atributos divinos, e também quando pretendermos antecipar conhecimentos que só em níveis superiores poderemos acessar. Por isso mesmo, aconselham os Numes Tutelares[11]: *"(...) Não vos percais num labirinto donde não lograreis sair. Tendes bastantes coisas que vos tocam mais de perto, a começar por vós mesmos. Estudai as vossas próprias imperfeições, a fim de vos libertardes delas, o que será mais útil do que pretenderdes penetrar no que é impenetrável"*, uma vez que as questões pertinentes ao nosso futuro distante só serão equacionadas nas alcandoradas regiões do Infinito, quando livres do corpo somático finalmente consolidaremos o Reino de Deus.

04
DA EFUSÃO DO ESPÍRITO

A mediunidade deve ser praticada santamente, religiosamente

"(...) Vossos filhos e filhas profetizarão, os vossos mancebos terão visões; e os vossos velhos sonharão sonhos; os meus servos e servas profetizarão".
Joel (2:28)

O Espiritismo lançou a Humanidade – de maneira definitiva – em um novo e permanente Pentecostes, consolidando, dessa forma, a profecia de Joel, em epígrafe.

A Imortalidade da Alma e a Comunicabilidade dos Espíritos constituem as duas torres elevadas que estruturam o viés *"consolador"* da Doutrina Espírita. É graças a esses dois pontos básicos do Espiritismo que a goela inexorável da *"morte"* foi transformada em passagem para outra dimensão da vida: a da *"vida abundante"*, da qual nos falou Jesus[12] – ou seja, a dimensão da verdadeira vida.

A mediunidade tem um caráter democrático, visto não estar contida em fronteira de espécie alguma: jovens, velhos, homens, mulheres, de quaisquer classes sociais, enfim, todos – indistintamente – de uma ou de outra forma a possuem, alguns mais, outros menos ostensivamente. Cumpre aqui, portanto, destacar uma recomendação de Allan Kardec sobre a sua prática[13]: *"A mediunidade é coisa santa, que deve ser praticada santamente, religiosamente"*.

Assim como o telescópio sonda as profundezas siderais e o microscópio devassa o mundo das nanopartículas, a mediunidade penetra o Mundo Invisível e rasga os horizontes da Vida Eterna, descortinando-nos proscênios existenciais de grande magnitude,

12 - João, 10:10.

13 - KARDEC, Allan. O Evangelho Seg.o Espiritismo.121.ed.Rio [de Janeiro]: FEB, 2003.cap. XXVI, item 10.

ilimitados e nunca dantes imaginados com tanto realismo e certeza pela mais fértil e prolífica inteligência.

É através desse abendiçoado Portal, diz Kardec[14], "(...) que os Espíritos vêm instruir o homem sobre seus destinos, a fim de o reconduzirem à senda do bem, e não para o pouparem ao trabalho material que lhe cumpre executar neste mundo, tendo por meta o seu adiantamento, nem para lhe favorecerem a ambição e a cupidez. Aí têm os médiuns o de que devem compenetrar-se bem, para não fazerem uso inadequado de suas faculdades. Aquele que, médium, compreende a gravidade do mandato de que se acha investido, religiosamente o desempenha. Sua consciência lhe profligaria, como ato sacrílego, utilizar por divertimento e distração, para si ou para os outros, faculdades que lhe são concedidas para fins sobremaneira sérios e que o põem em comunicação com os seres de além-túmulo.

Como intérpretes do ensino dos Espíritos, têm os médiuns de desempenhar importante papel na transformação moral que se opera. Os serviços que podem prestar guardam proporção com a boa diretriz que imprimam às suas faculdades, porquanto os que enveredam por mau caminho são mais nocivos do que úteis à causa do Espiritismo, pois pela má impressão que produzem, mais de uma conversão retardam. Terão, por isso mesmo, de dar contas do uso que hajam feito de um dom que lhes foi concedido para o bem de seus semelhantes.

O médium que queira gozar sempre da assistência dos bons Espíritos tem de trabalhar por melhorar-se. O que deseja que a sua faculdade se desenvolva e engrandeça tem de se engrandecer moralmente e de se abster de tudo o que possa concorrer para desviá-la do seu fim providencial.

Conseguir a assistência dos bons Espíritos e afastar os Espíritos levianos e mentirosos: tal deve ser a meta para onde convirjam os esforços constantes de todos os médiuns sérios. Sem isso, a mediunidade se torna uma faculdade estéril, capaz mesmo de redundar em prejuízo daquele que a possua, pois pode degenerar em perigosa obsessão".

Portanto, não nos surpreendamos com as notícias que nos chegam, vez por outra, acerca de médiuns que ficam obsidiados até

---

14 - Idem ibidem, cap. XXVIII, item 9.

mesmo dentro das reuniões mediúnicas de desobsessão: é que não fizeram por onde merecer a assistência dos bons Espíritos e ficaram, portanto, vulneráveis aos maus.

O que os Espíritos sofredores mais desejam (e precisam) é que alguém os esclareça. Disso nos dá notícia o nobre Codificador, quando registra[15] a trágica história de vida de Jacques Latour, um criminoso arrependido que diz sentir-se feliz quando o evocam, porque dessa forma ele deixa, por uns instantes, o *"inferno"* em que vive no Mundo Maior. *"Adeus; evocai-me ainda e orai a Deus por mim"*, rogou Latour, certa feita.

Maurice Gontran, filho único, falecido aos 18 anos de uma insidiosa doença pulmonar, foi evocado por um de seus amigos e suas primeiras palavras vertidas por meio do portal da mediunidade foram[16]: *"Meu amigo, esperava com impaciência esta ocasião, que ora me facultais.* (o Espírito referia-se à evocação feita por seu amigo).

Ensina[17] o Mestre Lionês que a evocação dos Espíritos não constitui privilégio de quem quer que seja, mas de milhares de pessoas de todos os sexos, idades e países. A evocação, portanto é livre, desejável e acessível a todos que queiram e possam dedicar-se ao Espiritismo prático.

Nesse passo, o ínclito Codificador informa[18]: "(...) Todos os Espíritos, qualquer que seja o grau em que se encontrem na escala espiritual, podem ser evocados: assim os bons, como os maus, tanto os que deixaram a vida de pouco, como os que viveram nas épocas mais remotas, os que foram homens ilustres, como os mais obscuros, os nossos parentes e amigos, como os que nos são indiferentes. Isto, porém, não quer dizer que eles sempre queiram ou possam responder ao nosso chamado. Independente da própria vontade, ou da permissão, que lhes pode ser recusada por uma potência superior, é possível que se achem impedidos de fazê-lo, por motivos que nem sempre nos é dado conhecer. Queremos dizer que não há impedimento absoluto que se oponha às comunicações,

15 - KARDEC, Allan. O Céu e o Inferno. 51.ed.Rio [de Janeiro]: FEB, 2003, 2ª parte, cap. VI. p.p. 351 e 356.

16 - KARDEC, Allan. O Céu e o Inferno. 51. ed. Rio [de Janeiro]: FEB, 2003, 2ª parte, cap. II. p. 241.

17 - KARDEC, Allan. Revue Spirite.agosto de 1862. Araras: IDE, 1993, p. 231.

18 - KARDEC, Allan. O Livro dos Médiuns. 71. ed. Rio [de Janeiro]: FEB, 2003, 2ª parte, cap. XXV, itens 274-278.

salvo o que dentro em pouco diremos. Os obstáculos capazes de impedir que um Espírito se manifeste são quase sempre individuais e derivam das circunstâncias.

Entre as causas que podem impedir a manifestação de um Espírito, umas lhe são pessoais e outras, estranhas. Entre as primeiras, devem colocar-se as ocupações ou as missões que esteja desempenhando e das quais não pode afastar-se para ceder aos nossos desejos. Neste caso, sua visita apenas fica adiada.

Há também a sua própria situação. Se bem que o estado de encarnação não constitua obstáculo absoluto, pode representar um impedimento, em certas ocasiões, sobretudo quando aquela se dá nos mundos inferiores e quando o próprio Espírito está pouco desmaterializado. Nos mundos superiores, naqueles em que os laços entre o Espírito e a matéria são muito fracos, a manifestação é quase tão fácil quanto no estado errante, mais fácil, em todo caso, do que nos mundos onde a matéria corpórea é mais compacta.

As causas estranhas residem principalmente na natureza do médium, na da pessoa que evoca, no meio em que se faz a evocação, enfim, no objetivo que se tem em vista.

A faculdade de evocar todo e qualquer Espírito não implica para este a obrigação de estar à nossa disposição; que ele pode vir em certa ocasião e não vir noutra, com um médium, ou um evocador que lhe agrade e não com outro; dizer o que quer, sem poder ser constrangido a dizer o que não queira; ir-se quando lhe aprouver; enfim, que por causas dependentes ou não da sua vontade, depois de se haver mostrado assíduo durante algum tempo, pode de repente deixar de vir.

Por todos estes motivos é que, quando se deseja chamar um Espírito que ainda não se apresentou, é necessário perguntar ao seu guia protetor se a evocação é possível; caso não o seja, ele geralmente dá as razões e então é inútil insistir.

(...) O inconveniente da evocação é nulo quando os Espíritos são chamados com um fim sério".

Aliás, a falta de seriedade nas evocações foi o que motivou a proibição feita por Moisés na Antiguidade, uma vez que os hebreus as estavam vulgarizando enormemente: recorriam aos médiuns para as mais comezinhas e inúteis questões.

Acreditamos, portanto, que – hodiernamente – mediante a riqueza bibliográfica espírita, e em especial com o domínio do conteúdo do *vade mecum* da mediunidade que é *O Livro dos Médiuns*, o 2º livro a ser estudado depois de *O Livro dos Espíritos*, não será necessário que o nobre Legislador hebreu reencarne, para proibir – pela segunda vez – o intercâmbio mediúnico por falta de seriedade, reverência e respeito.

05
IMORTALIDADE GLORIOSA

A certeza da realidade espiritual transforma o panorama existencial

"(...) Por natural vocação das paisagens da vida extrafísica, todos guardamos nas telas mentais os sinais da imortalidade".
Joanna de Ângelis[19]

Em estreita parceria com os Espíritos superiores, Allan Kardec explicou o *modus operandi* dos canais de comunicação entre o Mundo Espiritual e o Mundo Material. Depois do conhecimento destas informações, o túmulo deixou de ser o abismal e apavorante *nec plus ultra*[20] para tornar-se o portal de luz, a passagem para a verdadeira vida, a *vida abundante* da referência evangélica.

Uma vez conhecidas as vias de comunicação entre os dois planos da vida, os Espíritos que habitam o Mundo Maior se mostraram, desvelando os alcandorados panoramas do futuro que nos aguarda, bem como afirmando, sem rebuços[21]: "Nós existimos, logo o nada não existe; eis o que somos e o que sereis; o futuro vos pertence, como a nós. Caminhais nas trevas, vimos clarear-vos o caminho e traçar-vos o roteiro; andais ao acaso, vimos apontar-vos a meta. A vida terrena era, para vós, tudo, porque nada víeis além dela; viemos dizer-vos, mostrando a vida espiritual: a vida terrestre nada é. A vossa visão se detinha no túmulo, nós vos desvendamos, para lá deste, um esplêndido horizonte. Não sabíeis por que sofreis na Terra; agora, no sofrimento, vedes a justiça de Deus. O bem nenhum fruto aparente produzia para o futuro. Doravante, ele terá uma finalidade e constituirá uma necessidade; a fraternidade, que não passava de bela teoria, assenta agora numa lei da Natureza. Sob o domínio da crença de que tudo acaba com a

19 - FRANCO, Divaldo. Espírito e Vida. 2. ed. Salvador: LEAL, 1978. p.26.

20 - Nada mais além.

21 - KARDEC, Allan. A Gênese. 43. ed. Rio: FEB, 2003, cap. I, item 62,§ 5º, p. 51.

vida, a imensidade é o vazio, o egoísmo reina soberano entre vós e a vossa palavra de ordem é: *cada um por si.* Com a certeza do porvir, os espaços infinitos se povoam ao infinito, em parte alguma há o vazio e a solidão; a solidariedade liga todos os seres, aquém e além da tumba. É o reino da caridade, sob a divisa: *"um por todos e todos por um."* Enfim, ao termo da vida, dizíeis eterno adeus aos que vos são caros; agora, dir-lhes-eis: *Até breve!"*.

A insofismável certeza da realidade espiritual muda completamente o panorama existencial. A morte deixa de ser a terrível megera ceifadora de vidas para tornar-se a reveladora da Vida Maior, da vida abundante!

Com toda a convicção de um meticuloso e profundo estudioso das transcendentais questões do Espírito Imortal, Allan Kardec registra[22]: "(...) Não estamos separados pela morte daqueles que amamos, mas estão frequentemente perto de nós, nos ajudam e nos consolam pela esperança de uma reunião *certa.* Quantas pessoas desoladas vi acalmadas pela doce certeza que o ser querido reconduzido pelos laços do amor volteia ao redor delas, murmura em seu ouvido, contempla a sua alma, conversa com o seu Espírito!

A morte se encontra assim despojada desse cortejo de misteriosos e indefinidos terrores, dos quais foi rodeada por aqueles que esperam mais da degradante paixão do medo do que do nobre sentimento de amor.

Notemos de passagem que, quaisquer que sejam as nuanças no ensino da nova filosofia, todos os seus discípulos se entendem sobre este ponto, que a morte não é um espantalho, mas um fenômeno natural, a passagem a uma existência onde, livre dos mil males da vida material e dos entraves que o confinam num só planeta, o Espírito pode percorrer a imensidade dos mundos, levantar voo para as regiões onde a glória de Deus é realmente visível.

(...) De nossa conduta depende o nosso destino futuro, não de nossa adesão a tal ou tal seita religiosa, mas de nossa submissão a este grande preceito: AMAR A DEUS E AO PRÓXIMO... Não devemos adiar a nossa conversão. Nós próprios devemos trabalhar pela nossa salvação, não mais tarde, mas *agora;* não amanhã, mas *hoje.*

---

22 - KARDEC, Allan. Revue Spirite.Novembro de 1861, Araras: IDE, 1993, p.367.

O que há de mais consolador, de mais fortalecedor para a alma virtuosa, através das provas e das vicissitudes desta vida, do que a *certeza completa* de que sua felicidade futura depende de suas ações, que pode dirigir?”.

06
A REDE DA INTERATIVIDADE ESPIRITUAL-MATERIAL

O intercâmbio vibracional entre os dois planos da vida afeta a todos

"Os Espíritos influem em nosso pensamento a tal ponto que, de ordinário, são eles que nos dirigem".
O Livro dos Espíritos, q. 459

A inter-relação existente entre o Mundo Material e o Mundo Espiritual é por demais ostensiva para ser ignorada... Não é por ser invisível e transcendental que deve ser negligenciada, uma vez que tal interatividade afeta a economia de nossa vida, nos dois planos existenciais que interagem sem cessar.

Assim como seremos conhecidos e influenciados pelas companhias que elegemos, seremos também – igualmente influenciados – pelas companhias espirituais compatíveis com o nosso *modus-vivendi.*

Segundo Allan Kardec[23], *"(...) os Espíritos maus farejam as chagas da alma, como as moscas farejam as chagas do corpo somático. Portanto, assim como se limpa o corpo para evitar os agentes deletérios, também se deve limpar a alma, para evitar os maus Espíritos".*

A não sintonia com os baixios das vibrações malsãs garante que estejamos guarnecidos com os recursos necessários que nos vacinarão contra o assédio de nossos irmãos infelizes. *"Assombração sabe para quem aparece"*, já dizia sabiamente o velho brocardo popular... Vivendo em um planeta de provas e expiações, evidentemente estaremos sempre rodeados por uma *"nuvem de testemunhas"*, constituída pelos Espíritos de incontáveis matizes evolutivos, com maior abundância dos de baixo estofo.

---

23 - KARDEC, Allan. O Evangelho Segundo o Espiritismo. 121.ed.Rio [de Janeiro]: FEB, 2003, cap. XXVIII, item 16.

Nem sempre nossa vigilância e bom padrão vibracional nos colocarão a salvo deles; entretanto, buscando sempre a sintonia junto aos alcandorados cimos espirituais, mais força teremos para resistir-lhes às investidas malsãs, tão prejudiciais em todos os sentidos. Daí Jesus nos recomendar com propriedade e pertinência: *"Vigiai e orai para não cairdes em tentação"*[24].

Ainda nesse passo, o insigne Codificador da Doutrina dos Espíritos esclarece[25]: "Duas origens pode ter qualquer pensamento mau: a própria imperfeição de nossa alma, ou uma funesta influência que sobre ela se exerça. Neste último caso, há sempre indício de uma fraqueza que nos sujeita a receber essa influência; há, por conseguinte, indício de uma alma imperfeita. De sorte que aquele que venha a falir não poderá invocar por escusa a influência de um Espírito estranho, visto que esse Espírito não o teria arrastado ao mal, se o considerasse inacessível à sedução.

Quando surge em nós um mau pensamento, podemos, pois, imaginar um Espírito maléfico a nos atrair para o mal, *mas a cuja atração podemos ceder ou resistir,* como se se tratara das solicitações de uma pessoa viva.

Devemos, ao mesmo tempo, imaginar que, por seu lado, o nosso Espírito protetor combate em nós a influência e espera com ansiedade a decisão que tomemos. A nossa hesitação em praticar o mal é a voz do Espírito bom, a se fazer ouvir pela nossa consciência.

Reconhece-se que um pensamento é mau, quando se afasta da caridade, que constitui a base da verdadeira moral, quando tem por princípio o orgulho, a vaidade, ou o egoísmo; quando a sua realização pode causar qualquer prejuízo a outrem; quando, enfim, nos induz a fazer aos outros o que não quereríamos que nos fizessem".

Portanto, impossível será oferecermos passividade aos Espíritos maus se nos mantivermos sempre de acordo com um padrão comportamental situado dentro das abendiçoadas balizas do Evangelho de Jesus, nosso singularíssimo *"modelo e guia"* maior.

---

24 - Mateus, 26:41.

25- KARDEC, Allan. O Evangelho Segundo o Espiritismo. 121. ed. Rio[de Janeiro]: FEB, 2003, cap. XXVIII, item 20.

07
A SEGUNDA PALAVRA DO ALFABETO DIVINO

Os fatos provam que a reencarnação existe

> *"Jesus pronunciou na Terra a primeira palavra do alfabeto divino: Amor; e o Espiritismo, a seu turno, vem pronunciar a Segunda: reencarnação".*
>
> *Lázaro26*

Um estudo de *"especialistas"*, em Washington, América do Norte, associa a crença na reencarnação à falha mental: Os pesquisadores, como mostra a revista *LiveSearch* do dia 7.4.2007, concluíram que pessoas que acreditam terem tido outras vidas têm tendência de sofrer alguns tipos de erros de memória. Esta propensão explicaria, em parte, o motivo pelo qual pessoas aderem à filosofia da reencarnação.

Foram recrutados voluntários que, após participarem de uma terapia hipnótica, começaram a acreditar que tiveram vidas passadas. Os participantes cujo comportamento seria estudado tiveram de ler 40 nomes de pessoas desconhecidas e, depois de duas horas de espera, receberam uma lista com três tipos de nomes: os mesmos da lista antiga, de pessoas famosas e de pessoas desconhecidas que eles nunca viram antes; a tarefa era identificar quais dos nomes eram de pessoas famosas. O resultado dos pesquisadores foi que os crentes em vidas passadas erraram duas vezes mais se comparados a pessoas que não acreditam em reencarnação, tipo de erro que indica dificuldade de reconhecimento de onde um determinado nome lhe foi apresentado. O estudo aponta ainda que as pessoas que cometem este tipo de *"erro mental"* acabam se convencendo de coisas que não aconteceram de fato. Maarten Peters,

---

26 - KARDEC, Allan. O Evangelho Seg. o Espiritismo. 129. ed. Rio [de Janeiro]: FEB, 2009, cap. XI, item 8, § 2º

pesquisador da Universidade de Maastricht, na Holanda, declarou à revista LiveScience: *"Quando quem sofre deste tipo de distúrbio passa por algum tipo de hipnose, onde se é repetido várias vezes que esta pessoa possui uma vida passada, ela se acostuma com a ideia e cria uma falsa memória do que pode ter acontecido no passado. Isto acontece porque a pessoa não é capaz de distinguir o que de fato aconteceu e o que é sugerido"*, acrescentou.

Com que então, lá se foi a reencarnação – não é mesmo, Sr. Peters? Pobres *sábios*!... Não é sem motivo que Paulo de Tarso disse que *a ciência incha*[27]. Não sabem eles (os *sábios*) que o *Amor* e a *Reencarnação* constituem os dois elementos principais da equação do progresso, através dos quais a Humanidade logrará conhecer, alcançar e vivenciar a perfeição relativa?! Assistia, pois, plena razão a Jesus quando afirmou[28]: *"Graças te dou, ó Pai, que ocultaste estas coisas aos sábios e entendidos e as revelaste aos pequeninos"*. É inegável a importância desses dois elementos-chave: *Amor* e *Reencarnação.* Abstraindo-se a reencarnação da equação da vida, surgem várias perguntas sem respostas; faltando o amor, o caos se instala nas relações interpessoais.

Ao abordarmos as questões que giram em torno da pena de morte, aborto, eutanásia e do suicídio, verificamos o Amor e a Reencarnação agindo no sentido de equacionar os desvios perpetrados. Se o Amor tivesse prevalecido, nenhum deles aconteceria; mas, acontecendo, a Reencarnação alteia-se como a porta aberta para que o Espírito calceta encontre a sua redenção.

Ainda com Lázaro aprendemos[1]: "(...) O Amor resume a doutrina de Jesus toda inteira, visto que esse é o sentimento por excelência.

O Espiritismo, a seu turno, vem pronunciar uma segunda palavra do alfabeto divino. Estai atentos, pois que essa palavra ergue a lápide dos túmulos vazios, e a Reencarnação, triunfando da morte, revela às criaturas deslumbradas o seu patrimônio intelectual".

Segundo Fénelon[29], "(...) Há pessoas a quem repugna a reencarnação, com a ideia de que outros venham a partilhar das afetuosas simpatias de que são ciosas. Pobres irmãos! O vosso afeto vos

27 - I Coríntios, 8:1.

28 - Mateus, 11:25.

29 - KARDEC, Allan.O Evangelho Seg.o Espiritismo.121.ed.Rio [de Janeiro]: FEB, 2003.cap.XI, item 9,§ 3º

torna egoístas; o vosso amor se restringe a um círculo íntimo de parentes e de amigos, sendo-vos indiferentes os demais".

Allan Kardec deixa claro[30] que a reencarnação é tema do qual trataram inúmeros escritores modernos. Ela está formulada de maneira inequívoca em muitos livros espíritas e não espíritas, mas, infelizmente, em que pese a sua insofismável existência – quer nos arraiais da ciência, quer nos sítios religiosos –, ainda existem os teimosos refratários à noção da palingenesia.

Afirma ainda o ínclito Mestre Lionês[30] que não deixa de ser especioso o raciocínio dos religiosos quando dizem que a reencarnação é contrária aos dogmas da Igreja, portanto, não pode existir. (!?) Ora, pelo simples fato de contestar os dogmas não significa ser falsa a reencarnação, mas sim que tais preceitos é que são equivocados ou mal interpretados, uma vez que foram criados pelo homem, ao passo que a reencarnação é obra de Deus, constituindo-se mesmo uma das leis da Natureza, um dos pontos básicos do Espiritismo e eixo em torno do qual giram os trâmites da justiça divina.

Segundo Kardec, a resposta para os opositores da reencarnação é muito simples[30]: "(...) A reencarnação não é um sistema que dependa da adoção ou rejeição dos homens, como se faz com um sistema político, econômico ou social. Se ela existe, é que está na Natureza; é uma lei inerente à Humanidade, como beber, comer e dormir; uma alternativa da vida da alma, como a vigília e o sono são as alternativas da vida do corpo. Se é uma lei da Natureza, não é uma opinião que pode fazê-la prevalecer, nem uma opinião contrária que pode impedi-la de ser. A Terra não gira ao redor do Sol porque se crê que ela gire, mas porque obedece a uma lei e os anátemas que se lançaram contra essa lei não impediram a Terra de girar. Ocorre assim com a reencarnação; não é a opinião de alguns homens que os impedirá de renascer.

Estando, pois, admitido que a reencarnação não pode ser senão uma lei da Natureza, suponhamos que ela não possa concordar com um dogma. Trata-se de saber quem tem razão: o dogma ou a Lei. Ora, quem é o autor de uma lei da Natureza, senão Deus? Direi, neste caso, que não é a lei que é contrária ao dogma, mas o dogma que é contrário à lei, tendo em vista que uma lei da Natureza qualquer é anterior ao dogma, e que os homens renasciam

30 - KARDEC, Allan. Revue Spirite, dez. de 1862. Araras: IDE, 1993. p.p. 375-377.

antes que o dogma fosse estabelecido. Se havia incompatibilidade absoluta entre um dogma e uma lei da Natureza, isso seria a prova de que o dogma é obra dos homens que não conhecem a lei, porque Deus não pode se contradizer, desfazendo de um lado o que faz de outro; sustentar essa incompatibilidade é, pois, condenar o dogma. Segue-se que o dogma seja falso? Não, mas simplesmente que pode ser suscetível de uma interpretação, como se interpretou a Gênese quando foi reconhecido que os seis dias da criação não podiam concordar com a lei da formação do globo. A religião nisso ganhará, tendo em vista que achará menos incrédulos.

A questão é saber se a lei da reencarnação existe ou não existe. Para os Espíritas há mil provas por uma que é inútil repetir aqui; direi somente que **o** Espiritismo demonstra que *a pluralidade das existências é não só possível, mas necessária, indispensável, e dela encontra a prova,* sem falar da revelação dos Espíritos, numa multidão inumerável de fenômenos de ordem moral, psicológica e antropológica; esses fenômenos são *efeitos que têm uma causa;* procurando essa causa, não se a encontra senão na reencarnação tornada evidente pela observação desses fenômenos, como a presença do Sol, embora oculto pelas nuvens, torna-se evidente pela luz do dia. Para provar que há erro, e que essa lei não existe, seria preciso exprimir melhor do que se o faz, e por outros meios, TUDO o que ele explica, e é o que ninguém fez ainda.

Antes da descoberta das propriedades da eletricidade, aquele que tivesse anunciado que se poderia corresponder a quinhentas léguas em cinco minutos, não teriam faltado *"sábios"* que lhe teriam provado cientificamente, pelas leis da mecânica, que a coisa era *materialmente* impossível, porque nisso não conheciam outras; seria preciso para isso a revelação de uma nova potência. Assim ocorre com a reencarnação; é uma nova lei que vem lançar a luz sobre uma multidão de questões obscuras, e modificará profundamente todas as ideias quando for reconhecida. Assim, não é a opinião de alguns homens que prova que essa lei existe, são os fatos. Se evocamos o seu testemunho, é para demonstrar que ela fora entrevista e suspeitada por outros antes do Espiritismo, que delas não é o inventor, mas que a desenvolveu e deduziu-lhe as consequências".

08
ESPIRITISMO, REENCARNAÇÃO, CONSEQUÊNCIAS...

A dúvida cessará quando o futuro for assimilado em sua realidade

O Espiritismo abre horizontes novos a tudo e a todos: às criaturas, às ciências em geral e particularmente à Filosofia e à Psicologia... Portanto, ao mesmo tempo em que explica *"todas as coisas"*, ratifica, de forma insofismável, a alcandorada Mensagem de Jesus.

Por não levarem em conta o elemento espiritual, os médicos se equivocam na abordagem dos males de inúmeros pacientes. Da mesma forma, os sábios e religiosos presos nos labirintos dogmáticos do materialismo permanecem sem as devidas respostas a indagações filosóficas tais como: de onde viemos? O que estamos fazendo aqui? Para onde vamos?

Mas, como que por encanto, levando-se em conta o elemento espiritual na economia terrestre, todos os caminhos ficam aplainados. É neste conhecimento que oferece por meio do viés espiritualista, como em inúmeros outros campos, que a Doutrina Espírita é insuperável!

Portanto, quando a Humanidade se nutrir com o abendiçoado maná doutrinário do Espiritismo, quando as ideias espíritas – hoje repelidas – forem adotadas como *vade mecum* existencial, novos campos e caminhos do progresso serão abertos e trilhados com alegria.

A Doutrina Espírita, cujo advento foi profetizado pelo Cristo[31], faz parte dos desígnios de Deus como alavanca propulsora do progresso humano. Por mais que estejam os sábios e religiosos anatematizando-a, não poderão impedir a sua marcha, dia a dia mais rápida.

---

31 - João, 14:16.

Não é sem motivo que Allan Kardec cedo comprovou[32] a singela realidade de que "(...) o Espiritismo caminha com rapidez, e aí está um fato que ninguém pode negar. Ora, quando uma coisa se propaga, é que ela convém. Para isso há muitas causas: A primeira, sem contradita, como explicamos em diversas circunstâncias, é a satisfação moral que ele proporciona àqueles que o compreendem e o praticam; mas esta mesma causa recebe, em parte, sua força do princípio da reencarnação; é o que vamos tentar demonstrar: Todo homem que reflete, não pode se impedir de preocupar-se com o seu futuro depois da morte... Durante a primeira parte da vida, ele trabalha, extenua-se de fadiga, se impõe todas espécies de privações para assegurar, na outra metade, um pouco de repouso e de bem estar. Se há tanto cuidado para alguns anos eventuais, não é racional tomá-lo ainda mais para a vida de além-túmulo, cuja duração é ilimitada? Por que a maioria trabalha mais para o presente fugidio do que para o futuro sem fim? É que se crê na realidade do presente, e que se duvida do futuro; ora, *não se duvida senão do que não* se *compreende.* Que o futuro seja compreendido, e a dúvida cessará. Aos próprios olhos daquele que, no estado das crenças vulgares, está mais bem convencido da vida futura, ela se apresenta de maneira tão vaga, que a fé não basta sempre para fixar as ideias, e que tem mais caracteres da hipótese do que dos da realidade. O Espiritismo vem levantar essa incerteza pelo testemunho daqueles que viveram, e por provas por assim dizer materiais.

Toda religião repousa, necessariamente, sobre a vida futura, e todos os dogmas convergem, forçosamente, para esse objetivo único; é tendo em vista alcançar esse objetivo que são praticados, e a fé nesses dogmas está em razão da eficácia que se lhes supõe para ali chegar. A teoria da vida futura é, pois, a pedra angular de toda doutrina religiosa; se essa teoria peca pela base, se abre o campo para objeções sérias, se ela mesma se contradiz, se se pode demonstrar a impossibilidade de certas partes, tudo desmorona: A dúvida vem primeiro; à dúvida sucede a negação absoluta e os dogmas são arrastados no naufrágio da fé. Acreditou-se escapar ao perigo proscrevendo o exame e fazendo uma virtude da fé cega; mas pretender impor a fé cega neste século, é desconhecer os tem-

32 - KARDEC, Allan. Revue Spirite abril de 1862. Araras: IDE, 1993, p.p. 106-109.

pos em que vivemos; reflita-se apesar de si; examine-se pela força das coisas, se quer saber o porquê e o como.

(...) A vida futura, sem dúvida, não é uma coisa palpável como uma estrada de ferro e uma máquina a vapor, mas pode ser compreendida pelo raciocínio; se o raciocínio, em virtude do qual se procura demonstrá-lo, não satisfaz à razão, rejeitam-se premissas e conclusões. Interrogai aqueles que negam a vida futura, e todos vos dirão que foram conduzidos à incredulidade pelo próprio quadro que delas se lhes fez com seu cortejo de diabos, de chamas e de penas sem fim...

Todas as questões morais, psicológicas e metafísicas se ligam de maneira mais ou menos direta à questão do futuro; disso resulta que desta última questão depende, de alguma forma, a racionalidade de todas as doutrinas filosóficas e religiosas. O Espiritismo vem, a seu turno, trazer a sua teoria, apoiada sobre o fato das manifestações; não se impõe; não reclama confiança cega; candidata-se e diz: examinai, comparai e julgai; se encontrardes alguma coisa melhor do que a que vos dou, tomai-a. Ele não diz: Venho derrubar os fundamentos da religião e substituí-la por um culto novo; ele diz: Eu não me dirijo àqueles que creem e que estão satisfeitos com a sua crença, mas àqueles que desertam de vossas fileiras pela incredulidade e que não soubestes ou não pudestes reter; venho lhes dar, sobre as verdades que repelem, uma interpretação de natureza a satisfazer sua razão e que lhes faz aceitá-la; e a prova de que tenho sucesso é o número daqueles que tiro do lamaçal da incredulidade. Escutai-os, todos vos dirão: Se não se tivesse me ensinado essas coisas dessa maneira, desde minha infância, jamais teria duvidado; agora creio, porque compreendo.

(...) A vida futura, como vos dissemos, é o objetivo essencial de toda doutrina moral. Sem a vida futura, a moral não tem mais base. O triunfo do Espiritismo está precisamente na maneira pela qual apresenta o futuro; além das provas que dele dá, o quadro que dele faz é tão claro, tão simples, tão lógico, tão conforme à justiça e à bondade de Deus, que, involuntariamente, se diz: Sim, é bem assim que isso deve ser, foi assim que eu sonhei, e se nele não acreditei, foi porque me afirmaram que era de outro modo. Mas o que dá à teoria do futuro uma tal força? O que é que lhe granjeia tão numerosas simpatias? É, dizemos, sua inflexível lógica, é porque ela resolve as dificuldades até então insolúveis e isso deve ao princípio da pluralidade das existências; com efeito, tirai esse princípio e mil problemas, todos mais insolúveis uns que os outros, se apresentam imediatamente; choca-se, a cada passo, contra objeções sem número. Essas objeções não eram feitas outrora, quer dizer, não se pensava nelas; mas, hoje que a criança se tornou homem, quer ir ao fundo das coisas; quer ver claro no caminho em que o conduzem; sonda e pesa o valor dos argumentos que lhe dão, e se não se satisfazem pela sua razão, a deixam no vago e na incerteza, rejeita-os esperando-os melhores... A pluralidade das existências é uma chave que abre horizontes novos, que dá uma razão de ser a uma multidão de coisas incompreendidas, que explica o que era inexplicável; ela concilia todos os acontecimentos da vida com a justiça e a bondade de Deus; eis porque aqueles que chegando a duvidar dessa justiça e dessa bondade, reconhecem agora o dedo da Providência, ali onde o tinham desconhecido. Sem a reencarnação, com efeito, que causa atribuir às ideias inatas; como justificar a idiotia, o cretinismo, a selvageria ao lado do gênio e da civilização; a profunda miséria de uns ao lado da felicidade dos outros, as mortes prematuras e tantas outras coisas? Do ponto de vista religioso, certos dogmas, tais como o pecado original, a queda dos anjos, a eternidade das penas, a ressurreição da carne, etc., encontram nesse princípio uma interpretação racional, que faz aceitar-lhe o espírito mesmo por aqueles que lhe repelem a letra... Em resumo: o homem atual quer e necessita compreender. Como o princípio da reencarnação lança a luz sobre o que era obscuro, eis porque dizemos que esse princípio é uma das causas que fazem acolher o Espiritismo com fervor. (...) esse princípio começa a se popularizar, de onde se pode concluir que não está longe o tempo em que não haverá nenhuma dissidência sob esse aspecto".

09
COMUNICAÇÕES D'ALÉM-TÚMULO

Se Moisés proibiu evocar os mortos, é que estes podiam vir

"(...) Repelir as comunicações mediúnicas é repudiar o meio mais poderoso de instruir-se".
Allan Kardec [33]

A *Comunicabilidade dos Espíritos* e sua consequência imediata, a *Imortalidade da Alma,* são dois pontos básicos do Espiritismo, e neles está ancorado o aspecto CONSOLADOR desta Doutrina maravilhosa. Não é sem razão que Jesus profetizou[34] o seu advento com tal identificação: *"Eu rogarei ao Pai, e Ele vos dará outro Consolador..."*

Afinal, não é um grande consolo ter a certeza absoluta de que as pessoas que amamos e que nos antecederam na viagem de volta para Casa, no Mundo Maior, não estão perdidas do lado de lá?! Não é uma boa-nova saber que é apenas uma questão de tempo para que se estabeleça o reencontro feliz com os que se nos vinculam nos sentimentos de carinho?

Quando – comumente – ouvimos dizer: *"perdi fulano"*, referindo-se à *"morte"* de alguém, é evidente que quem assim se pronuncia não detém o conhecimento espírita. Da mesma forma quando também dizem: *"Ah! Coitado! Descansou!* (?): mal sabem tais criaturas desinformadas que existem muitos Espíritos rogando a reencarnação para que, uma vez ergastulados no corpo somático, possam descansar um pouco, uma vez que do Lado de Lá se sentem muito cansados, esgotados...

Em sua portentosa e singular obra, André Luiz, por meio da abendiçoada e também inigualável mediunidade de nosso saudoso Chico Xavier, desvela algumas faces do Mundo Espiritual

33 - KARDEC, Allan. O Céu e o Inferno. 51. ed.Rio [de Janeiro]:FEB, 2003, 1ª. parte, cap. XI, item 15, § 1º.

34 - João, 14:16.

aos nossos olhos, e então podemos perceber, ainda que superficialmente, a complexidade dos trabalhos à disposição de quem os deseja executar. Portanto, lugar de descanso o Outro Lado não é, absolutamente... A julgar pelo *"andar da carruagem"*, muitos desses Espíritos que solicitaram o reingresso no corpo somático para descansar já estão por aqui, porque a quantidade de gente *"à toa na vida vendo a banda passar"* é possível de contar!

Allan Kardec alinha o seu raciocínio de forma magistral quando fala deste ponto básico do Espiritismo (a Comunicabilidade dos Espíritos), e da forte reação que tal fato provoca em líderes religiosos de seitas dogmáticas. Porque embora a Comunicabilidade dos Espíritos seja um fato comprovado até mesmo na Bíblia ancestral que muitos deles carregam debaixo do braço, não deixam penetrar no cérebro o seu conteúdo, perdidos que estão nos embaraços e prejuízos da *"letra que mata"*.

Deliciemo-nos com a lógica insofismável do ínclito Mestre Lionês quando ele analisa as *"anêmicas"* e infundadas argumentações desses líderes espiritofóbicos, mostrando-lhes a incoerência em que se locupletam. Sempre começam por dizer que Moisés proibiu a mediunidade, esquecendo-se (de propósito), que existem duas partes distintas na lei de Moisés: a Lei de Deus propriamente dita, promulgada no Monte Sinai (por sinal, isto ocorreu por meio de um fenômeno mediúnico de pirografia), e a lei civil ou disciplinar, apropriada aos costumes e caráter do povo. A primeira (a Lei de Deus), é invariável, ao passo que a outra (a lei civil), se modifica com o tempo. A proibição de se comunicar com os *"mortos"* é do âmbito desta última, revogada pelo próprio Moisés quando, em sua luminosa aparição junto com Elias no Monte Tabor – ante o assombro de Pedro, Tiago e João, testemunhas oculares do fato – , conversou com Jesus sobre os Seus últimos momentos no planeta e coroamento de Sua missão junto a nós, inaugurando, assim a era da mediunidade.

Sigamos, então, o luminoso raciocínio de Kardec[35]: "(...) Se Moisés proibiu evocar os mortos, é que estes podiam vir, pois do contrário inútil fora a proibição. Ora, se os mortos podiam vir na-

---

35 - KARDEC, Allan. O Céu e o Inferno. 51. ed. Rio [de Janeiro]: 2003, 1ª parte, cap. 11, itens 8, 10 a 15, p. 161-165.

queles tempos, também o podem hoje; e se são Espíritos de mortos os que vêm, não são exclusivamente demônios. Demais, Moisés de modo algum fala nesses últimos.

É duplo, portanto, o motivo pelo qual não se pode aceitar logicamente a autoridade de Moisés na espécie, a saber: — Primeiro, porque a sua lei não rege o Cristianismo; e, segundo, porque é imprópria aos costumes da nossa época. Mas, suponhamos que essa lei tem a plenitude da autoridade por alguns outorgada, e ainda assim ela não poderá, como vimos, aplicar-se ao Espiritismo. É verdade que a proibição de Moisés abrange a interrogação dos mortos, porém de modo secundário, como acessória às práticas da feitiçaria.

O próprio vocábulo interrogação, junto aos de adivinho e agoureiro, prova que entre os hebreus as evocações eram um meio de adivinhar; entretanto, os espíritas só evocam mortos para receber sábios conselhos e obter alívio em favor dos que sofrem, nunca para conseguir revelações ilícitas. Certo, se os hebreus usassem das comunicações como fazem os espíritas, longe de proibi-las, Moisés acoroçoá-las-ia, porque o seu povo só teria que lucrar.

(...) A evocação, dizem, é uma falta de consideração para com os mortos, cujas cinzas devem ser respeitadas. Mas quem é que diz tal? São os antagonistas de dois campos opostos, isto é, os incrédulos que nas almas não creem, e os crédulos que pretendem que só os demônios, e não as almas podem vir.

Quando a evocação é feita com recolhimento e religiosamente; quando os Espíritos são chamados, não por curiosidade, mas por um sentimento de afeição e simpatia, com desejo sincero de instrução e progresso, não vemos nada de irreverente em apelar-se para as pessoas mortas, como se fizera com os vivos. Há, contudo, outra resposta peremptória a essa objeção, e é que os Espíritos se apresentam espontaneamente, sem constrangimento, muitas vezes mesmo sem que sejam chamados. Eles também dão testemunho da satisfação que experimentam por comunicar-se com os homens, e queixam-se às vezes do esquecimento em que os deixam. Se os Espíritos se perturbassem ou se agastassem com os nossos chamados, certo o diriam e não retornariam (...).

Ainda outra razão é alegada: as almas permanecem na morada que a justiça divina lhes designa – o que equivale dizer no Céu ou no inferno. Assim, as que estão no inferno, de lá não podem sair, posto que para tanto a mais ampla liberdade seja outorgada aos demônios. As do Céu, inteiramente entregues à sua beatitude contemplativa, estão muito superiores aos mortais para deles se ocuparem, e são bastantemente felizes para não voltarem a esta Terra de misérias, no interesse de parentes e amigos que aqui deixassem. Então essas almas podem ser comparadas aos nababos que dos pobres desviam a vista com receio de perturbar a digestão? Mas se assim fora essas almas se mostrariam pouco dignas da suprema bem-aventurança, transformando-se em padrão de egoísmo! (...) Então é o caso de dizer: se as almas não podem vir, não há de que recear pela perturbação do seu repouso.

(...) Mas aqui reponta uma outra dificuldade: Se as almas bem-aventuradas não podem deixar a mansão gloriosa para socorrer os mortais, por que invoca a Igreja a assistência dos santos que devem fruir ainda maior soma de beatitude? Por que aconselha invocá-los em casos de moléstia, de aflição, de flagelos? Por que razão e segundo essa mesma Igreja os santos e a própria Virgem aparecem aos homens e fazem milagres? Estes deixam o Céu para baixar à Terra; entretanto os que estão menos elevados não o podem fazer!

Que os cépticos neguem a manifestação das almas, vá, visto que nelas não acreditam; mas o que se torna estranhável é ver encarniçar-se contra os meios de provar a sua existência, esforçando-se por demonstrar a impossibilidade desses meios, aqueles mesmos cujas crenças repousam na existência e no futuro das almas! Parece que seria mais natural acolherem como benefício da Providência os meios de confundir os cépticos com provas irrecusáveis, pois que são os negadores da própria religião. Os que têm interesse na existência da alma deploram constantemente a avalancha da incredulidade que invade, dizimando-o, o rebanho de fiéis. Entretanto, quando se lhes apresenta o meio mais poderoso de combatê-la, recusam-no com tanta ou mais obstinação que os próprios incrédulos. Depois, quando as provas avultam de modo a não deixar dúvidas, eis que procuram como recurso de supremo argumento a interdição do assunto, buscando, para justificá-la, um artigo da lei moisaica do qual ninguém cogitara, emprestando-lhe, à força, um sentido e aplicação inexistentes. E tão felizes se julgam com a descoberta, que não percebem que esse artigo é ainda uma justificativa da Doutrina Espírita.

Todas as razões alegadas para condenar as relações com os Espíritos não resistem a um exame sério. Pelo ardor com que se combate nesse sentido é fácil deduzir o grande interesse ligado ao assunto. Daí a insistência. Em vendo esta cruzada de todos os cultos contra as manifestações, dir-se-ia que delas se atemorizam.

O verdadeiro motivo poderia bem ser o receio de que os Espíritos muito esclarecidos viessem instruir os homens sobre pontos que se pretende obscurecer, dando-lhes conhecimento, ao mesmo tempo, da certeza de um outro mundo, a par das verdadeiras condições para nele serem felizes ou desgraçados.

A razão deve ser a mesma por que se diz à criança: – *'Não vá lá, que há lobisomens.'* Ao homem dizem: – *'Não chameis os Espíritos* – são o diabo.' Não importa, porém: impedem os homens de os evocar, mas não poderão impedi-los de vir aos homens para levantar a lâmpada de sob o alqueire.

O culto que estiver com a verdade absoluta nada terá que temer da luz, pois a luz faz brilhar a verdade e o demônio nada pode contra esta."

Repelir as comunicações de além-túmulo é repudiar o meio mais poderoso de instruir-se, já pela iniciação nos conhecimentos da vida futura, já pelos exemplos que tais comunicações nos fornecem. A experiência nos ensina, além disso, o bem que podemos fazer desviando do mal os Espíritos imperfeitos, ajudando os que sofrem a desprenderem-se da matéria e a se aperfeiçoarem. Interdizer as comunicações é, portanto, privar as almas sofredoras da assistência que lhes podemos e devemos dispensar."

10
MECANISMOS DAS INFLUÊNCIAS ESPIRITUAIS

O mundo visível e o mundo invisível se derramam sem cessar um no outro

"Pior que os maus Espíritos são os nossos maus pendores que os atraem".
Allan Kardec [36]

Os processos obsessivos sempre abundaram na Terra e, ainda hoje, continuam causando enormes prejuízos morais e materiais à Humanidade... Urge, portanto, conhecer-lhes os mecanismos: como e por que surgem, como combatê-los e quais são as atitudes e providências a serem tomadas como profilaxia contra essas situações danosas.

Como nenhuma outra, a Doutrina Espírita explica muito bem tudo isso, municiando-nos para o combate a esse flagelo avassalador e impiedoso chamado obsessão, que o Mestre Allan Kardec classificou em três níveis diferentes[37]: *Obsessão simples, Fascinação* e *Subjugação*; esta última pode ser tanto moral quanto corporal, ou ambas ao mesmo tempo.

Kardec alerta-nos[38] para "o primeiro ponto no qual importa penetrar: a natureza dos Espíritos do ponto de vista moral, pois não sendo os Espíritos senão a alma dos homens, e não sendo os homens todos bons, não é racional admitir que o Espírito de um homem perverso se transforme subitamente, de outro modo não haveria necessidade de castigo na vida futura.

Com efeito, as revelações do mundo invisível nos mostram,

---

36 - KARDEC, Allan. Revue Spirite. dezembro de 1862. Araras: IDE, p. 361.

37 - KARDEC, Allan. O Livro dos Médiuns. 71. ed. Rio: FEB, 2003. 2ª parte, cap. XXIII, itens 238-240, p.p. 307-309.

38 - KARDEC, Allan. Revue Spirite. dezembro de 1862. Araras: IDE, 1993.p. 353-357.

ao lado de Espíritos sublimes de sabedoria e de saber, outros Espíritos ignóbeis, tendo ainda todos os vícios e todas as paixões da Humanidade. A alma de um homem de bem será, depois de sua morte, um bom Espírito; do mesmo modo um bom Espírito, encarnando, fará um homem de bem; pela mesma razão, um homem perverso, morrendo, dá ao mundo invisível um Espírito perverso, e um mau Espírito, encarnando, não pode fazer um homem virtuoso, e isto enquanto o Espírito não estiver depurado ou não tiver sentido o desejo de se melhorar; porque, uma vez entrado no caminho do progresso, despoja-se pouco a pouco de seus maus instintos; ele se eleva gradualmente na hierarquia dos Espíritos, até que haja alcançado a perfeição acessível a todos, não podendo Deus ter criado seres votados ao mal ou infelizes para a eternidade. Assim, o mundo visível e o mundo invisível se derramam, incessante e alternativamente, um no outro, podendo-se assim se exprimir, e se alimentam mutuamente, ou, melhor dizendo, esses dois mundos não fazem em realidade senão um, mas dois estados diferentes. Esta consideração é muito importante para compreender a solidariedade que existe entre eles.

Sendo a Terra um mundo inferior, quer dizer, pouco avançado, disso resulta que a imensa maioria dos Espíritos que o povoam, seja no estado errante, seja como encarnado, deve se compor de Espíritos imperfeitos que produzem mais mal do que bem; daí a predominância do mal sobre a Terra; ora, sendo a Terra, ao mesmo tempo, um mundo de expiação, é o contato do mal que torna os homens infelizes; porque se todos os homens fossem bons, todos seriam felizes. É um estado ao qual ainda não chegou o nosso globo, e é a esse estado que Deus quer conduzi-lo. Todas as tribulações que o homem de bem experimenta neste mundo, seja da parte dos homens, seja da dos Espíritos, são a consequência desse estado de inferioridade. Poder-se-ia dizer que a Terra é a *Botany-Bay* dos mundos: nela se encontra a selvageria primitiva e a civilização, a criminalidade e a expiação.

É preciso, pois, imaginar o mundo invisível como formando uma população inumerável, compacta, por assim dizer, que envolve a Terra e se agita no espaço. É uma espécie de atmosfera moral na qual os Espíritos encarnados ocupam os baixios, e se agitam como no lodo. Ora, do mesmo modo que o ar dos lugares baixos é pesado e malsão, esse ar moral é também malsão, porque é corrompido pelos miasmas dos Espíritos impuros; para a isso resistir, é preciso temperamentos morais de um grande vigor.

Dizemos, como parêntese, que esse estado de coisas é inerente aos mundos inferiores; mas esses mundos seguem a lei do progresso, e quando tiver alcançado a época própria, Deus os saneia, expulsando deles os Espíritos imperfeitos, que ali não se reencarnarão mais e serão substituídos por Espíritos mais avançados, que fazem reinar entre eles a felicidade, a justiça e a paz. É uma revolução desse gênero que se prepara neste momento".

AÇÃO DOS ESPÍRITOS

Segundo a informação contida na q. 459 de *O Livro dos Espíritos,* vemos que a influência dos Espíritos é tão ostensiva que praticamente são eles que dirigem os encarnados.

Ensina Kardec[39]: "Examinemos agora o modo recíproco de ação dos Espíritos encarnados e desencarnados. Sabemos que os Espíritos estão revestidos de um envoltório vaporoso, formando neles um verdadeiro corpo fluídico, ao qual damos o nome de *perispírito,* cujos elementos são hauridos no fluido universal ou cósmico, princípio de todas as coisas. Quando o Espírito se une ao corpo, nele existe com seu perispírito, que serve de laço entre o Espírito propriamente dito e a matéria corpórea; é o intermediário das sensações percebidas pelo Espírito. Mas esse perispírito não está confinado no corpo como dentro de uma caixa; pela sua natureza fluídica, irradia ao redor e forma, em torno do corpo, uma espécie de atmosfera, como o vapor que dele se libera. Mas o vapor que se libera de um corpo malsão é igualmente malsão, acre e nauseabundo, o que infecta o ar dos lugares onde se reúnem muitas pessoas malsãs. Do mesmo modo que esse vapor está impregnado das qualidades do corpo, o perispírito está impregnado das qualidades, quer dizer, do pensamento do Espírito, e faz irradiar essas qualidades em torno do corpo.

39- KARDEC, Allan. Revue Spirite. dezembro de 1862. Araras: IDE, 1993.p. 353-357.

(...) O perispírito, pela sua natureza fluídica, é essencialmente móvel, elástico, podendo-se assim se exprimir; como agente direto do Espírito, põe em ação e projeta raios pela vontade do Espírito; por esses raios serve à transmissão do pensamento, porque é de alguma sorte animado pelo pensamento do Espírito.

Sendo o perispírito o laço que une o Espírito ao corpo, é por esse intermediário que o Espírito transmite aos órgãos não a vida *vegetativa,* mas os movimentos que são a expressão de sua vontade; é também por esse intermediário que as sensações do corpo são transmitidas ao Espírito. No corpo sólido destruído pela morte, o Espírito não age mais e não percebe mais senão pelo seu corpo fluídico, ou perispírito, age mais facilmente e percebe melhor, sendo-lhe o corpo um entrave. Tudo isto é ainda um resultado da observação.

Suponhamos agora duas pessoas perto uma da outra, envolvida cada uma de sua atmosfera *perispiritual* – que se nos permita ainda esse neologismo. Esses dois fluidos vão se pôr em contato, penetrar um no outro; se são de natureza antipática, repelir-se-ão, e os dois indivíduos sentirão uma espécie de mal-estar com a aproximação um do outro, sem disso se darem conta; sendo ao contrário movidos por um sentimento bom e benevolente, levarão consigo um pensamento benevolente que atrai. Tal é a causa pela qual duas pessoas se compreendem e se adivinham sem se falarem. Certo "não sei o que" diz frequentemente que a pessoa que se tem diante de si deve estar animada de tal ou tal sentimento; ora, esse *"não sei o que"* é a expansão do fluido perispiritual da pessoa em contato com o nosso, uma espécie de fio elétrico condutor do pensamento. Compreende-se, desde então, que os Espíritos, cujo envoltório fluídico é bem mais livre do que no estado de encarnação, não têm mais necessidade de sons articulados para se entenderem.

O fluido perispiritual do encarnado, portanto, é posto em ação pelo Espírito; se, pela sua vontade, o Espírito irradia, por assim dizer, seus raios sobre um outro indivíduo, esses raios o penetram; daí a ação magnética mais ou menos possante segundo a vontade, mais ou menos benfazeja segundo esses raios sejam de uma natureza mais ou menos boa, mais ou menos vivificante; porque, pela sua ação, podem penetrar os órgãos, e, em certos casos, restabelecer o estado normal. Sabe-se qual é a influência das qualidades morais no magnetizador.

O que pode fazer o Espírito encarnado irradiando seu próprio fluido sobre um indivíduo, um Espírito desencarnado pode fazê-lo igualmente, uma vez que tem o mesmo fluido, quer dizer, que pode magnetizar, e, segundo seja bom ou mau, sua ação será benfazeja ou malfazeja.

Dá-se conta facilmente assim da natureza das impressões que se recebe segundo os meios onde se encontra. Se uma assembleia é composta de pessoas animadas de maus sentimentos, elas encherão o ar ambiente do fluido impregnado de seus pensamentos; daí, para as almas boas, um mal-estar moral análogo ao mal-estar físico causado pelas exalações mefísticas: *a alma* é *asfixiada*. As pessoas, ao contrário, se têm intenções puras, acham-se em sua atmosfera como num ar vivificante e salutar. O efeito será naturalmente o mesmo num meio cheio de Espíritos segundo sejam bons ou maus.

Estando isto bem compreendido, chegamos sem dificuldade à ação material dos Espíritos errantes sobre os Espíritos encarnados, e daí à explicação da mediunidade".

11
AS FANTÁSTICAS CONCEPÇÕES DO INFERNO E DO PARAÍSO

Como lacera os corações a ideia de uma barreira entre "mortos" e vivos!

"Dependendo o sofrimento da imperfeição, como o gozo da perfeição, a alma traz consigo própria o castigo ou o prêmio, onde quer que se encontre, sem necessidade de lugar circunscrito."
O Céu e o Inferno (cap. VII, 1ª parte)

Entendemos com as explicações da Doutrina Espírita que o Inferno está por toda parte em que haja almas infelizes, enquanto que o Céu – igualmente – onde houver almas felizes.

É voz corrente entre os materialistas mais imediatistas, aí incluídos até mesmo alguns filósofos, a seguinte argumentação: *"Sabemos tão pouco sobre as possibilidades de viver a nossa vida aqui da melhor forma possível, que não faz sentido refletir a respeito do que acontecerá depois da morte. Concentremo-nos, portanto, na busca do caminho certo para o aqui e o hoje."*

Estamos de pleno acordo com Erich Folath quando afirma que, até hoje, homem algum, tanto antes quanto depois de Confúcio, influenciou uma grande parte da Humanidade de forma tão duradoura quanto ele. Não obstante ter Confúcio definido os princípios de ordem social e da hierarquia, pregado a honestidade, a confiança, o sentido do dever e o respeito pelos velhos, a preservação da ideia de família até a morte, parece-nos que a Humanidade tão somente assimilou de sua filosofia o desestímulo em relação ao interesse pelo conhecimento da vida além da morte. Vemos isso nas retumbantes vitórias das desordens sociais, da desonestidade, do comportamento venal, da desconfiança, da falta de respeito e da dissolução da família, bem como um completo torpor mental no que se refere à verdadeira vida, isto é, a espiritual...

Mas não podemos debitar toda culpa a Confúcio pelo atual estado de coisas, notadamente no campo dos relacionamentos humanos. Devemos considerar que pelos séculos transatos os líderes – principalmente os religiosos – que deveriam guiar e esclarecer a Humanidade têm falhado redondamente nessa missão, entrincheirados que estão no dogmatismo ortodoxo que cerceia os voos da mente às alcandoradas regiões espirituais. Qualquer manifestação intelectual ou filosófica fora das estreitas fronteiras da cartilha dogmática era – inapelavelmente – consumida pelas labaredas das fogueiras inquisitoriais ateadas pelos que confundem o poder temporal com o poder moral legado pela ascensão dos Espíritos – conquistada por seus próprios méritos – às cumeadas luzes inapagáveis do amor e do conhecimento. Por tudo isso, vemos até hoje a Humanidade a braços com o ceticismo, com a ignorância acerca dos mecanismos e leis da vida, com o materialismo e com a falta de informação adequada sobre o Mundo Espiritual e seus desdobramentos após a vida material...

Longe de esclarecer, as religiões têm procurado ocultar do vulgo as verdades imorredouras, ciosas de seu poder temporal sobre as mentes escravizadas à ignorância e à superstição. Além disso, são quiméricas e baldas de senso as infantis informações que prestam a respeito da vida futura, alinhando sempre hipóteses absurdas e obscuras, mas são também muito eficientes em sempre salvaguardar os seus mesquinhos interesses subalternos e inconfessáveis.

Com as luzes oferecidas pela Doutrina Espírita, a Humanidade se instrumentaliza para compreender a vida após a vida... Diz Amalia Domingo Soler: “*A medida que descubre que la vida no termina en la tumba, comienza a comprender mejor la grandiosidad de su existencia terrena y a valorar cada momento en su justo término por los resultados que obtiene, ya que, de pronto, con la desencarnación, todo cambiará y llegará la hora de la cosecha.*

Con el desarrollo de las facultades que estaban adormecidas, adquiere una conciencia responsable y percibe otras realidades que ignoraba. El conocimiento del Espiritismo lo mune de recursos que lo transforma naturalmente y le permite no ser el mismo de antes.”

Logo de início, informa-nos o Espiritismo que nem o Céu e tampouco o inferno são regiões geográficas circunscritas no alto e no baixo. A própria Ciência, por meio da astronomia e da geologia, já mostrou que essa informação inculcada pelos instigadores do dogmatismo é totalmente falsa.

Ensina Allan Kardec[40]: *"Até o presente, o homem apenas formulara hipóteses sobre o seu porvir; tal a razão por que suas crenças a esse respeito se fracionaram em tão numerosos e divergentes sistemas, desde o nadismo até as concepções fantásticas do inferno e do paraíso. Hoje, são as testemunhas oculares, os próprios atores da vida de além-túmulo que nos vêm dizer em que se tornaram e só eles o podiam fazer. Suas manifestações serviram para dar-nos a conhecer o mundo invisível que nos rodeia e do qual nem suspeitávamos".*

É ainda o Mestre Lionês quem argumenta[41]: "Convenhamos que o quadro pela religião esboçado, sobre o assunto, é nada sedutor e ainda menos consolatório: de um lado, contorções de condenados a expiarem em torturas e chamas eternas os erros de uma vida efêmera e passageira. Os séculos sucedem-se aos séculos e não há para tais desgraçados sequer o lenitivo de uma esperança e, o que mais atroz é, não lhes aproveita o arrependimento. De outro lado, as almas combalidas e aflitas do purgatório aguardam a intercessão dos vivos que orarão ou farão orar por elas, sem nada fazerem de esforço próprio para progredirem.

Estas duas categorias compõem a maioria imensa da população de além-túmulo. Acima delas, paira a limitada classe dos eleitos, gozando, por toda a Eternidade, da beatitude contemplativa. Esta inutilidade eterna, preferível sem dúvida ao nada, não deixa de ser de uma fastidiosa monotonia. É por isso que se vê, nas figuras que retratam os bem-aventurados, figuras angélicas onde mais transparece o tédio que a verdadeira felicidade.

Este estado não satisfaz nem as aspirações nem a instintiva ideia de progresso, única que se afigura compatível com a felicidade absoluta. Custa crer que, só por haver recebido o batismo, o selvagem ignorante – de senso moral obtuso –, esteja ao mesmo

40 - KARDEC, Allan. A Gênese. 43. ed. Rio [de Janeiro]: FEB, 2003, cap. I, item 61.

41 - KARDEC, Allan. O Céu e o Inferno. 51. ed. Rio [de Janeiro]: FEB, 2003, 1ª parte – cap. II, item 6.

nível do homem que atingiu, após longos anos de trabalho, o mais alto grau de ciência e moralidade práticas. Menos concebível ainda é que a criança falecida em tenra idade, antes de ter consciência de seus atos, goze dos mesmos privilégios somente por força de uma cerimônia na qual a sua vontade não teve parte alguma. Estes raciocínios não deixam de preocupar os mais fervorosos crentes, por pouco que meditem."

Acompanhemos a sequência do raciocínio de Kardec[42]: "Os Espíritos são criados simples e ignorantes, mas dotados de aptidões para tudo conhecerem e para progredirem, em virtude do seu livre-arbítrio. Pelo progresso adquirem novos conhecimentos, novas faculdades, novas percepções e, conseguintemente, novos gozos desconhecidos dos Espíritos inferiores; eles veem, ouvem, sentem e compreendem o que os Espíritos atrasados não podem ver, sentir, ouvir ou compreender.

A felicidade está na razão direta do progresso realizado, de sorte que, de dois Espíritos, um pode não ser tão feliz quanto outro, unicamente por não possuir o mesmo adiantamento intelectual e moral, sem que por isso precisem estar, cada qual, em lugar distinto. Ainda que juntos, pode um estar em trevas, enquanto que tudo resplandece para o outro, tal como um cego e um vidente que se dão as mãos: este percebe a luz da qual aquele não recebe a mínima impressão. Sendo a felicidade dos Espíritos inerente às suas qualidades, haurem-na eles em toda parte em que se encontram, seja à superfície da Terra, no meio dos encarnados, ou no Espaço.

(...) O Mundo Espiritual tem esplendores por toda parte, harmonias e sensações que os Espíritos inferiores, submetidos à influência da matéria, não entreveem sequer, e que somente são acessíveis aos Espíritos purificados."

Notemos que o inferno cristão foi imitado do inferno pagão, sendo, porém, o inferno cristão muito mais terrível que aquele.

Aprendemos com o ínclito Mestre Lionês[43]: "Esta mistura de ideias cristãs e pagãs nada tem de surpreendente. Jesus não podia de um só golpe destruir inveteradas crenças, faltando aos homens conhecimentos necessários para conceber a infinidade do Espaço

---

42 - KARDEC, Allan. O Céu e o Inferno. 51. ed. Rio [de Janeiro]: FEB, 2003, 1ª parte – cap. III, item 6.

43 - KARDEC, Allan. O Céu e o Inferno. 51.ed. Rio [de Janeiro]: FEB, 2003, 1ª parte – cap. IV, item 6.

e o número infinito dos mundos; a Terra para eles era o centro do Universo; não lhe conheciam a forma nem a estrutura internas; tudo se limitava ao seu ponto de vista: as noções do futuro não podiam ir além dos seus conhecimentos. Jesus encontrava-se, pois, na impossibilidade de iniciá-los no verdadeiro estado das coisas; mas não querendo, por outro lado, com sua autoridade, sancionar prejuízos aceitos, absteve-Se de retificá-los, deixando ao tempo essa missão. Ele limitou-Se a falar vagamente da vida bem-aventurada, dos castigos reservados aos culpados, sem referir-se jamais nos seus ensinos a castigos e suplícios corporais, que constituíram para os cristãos um artigo de fé. Eis aí como as ideias do inferno pagão se perpetuaram até aos nossos dias. E foi preciso a difusão das modernas luzes, o desenvolvimento geral da inteligência humana para se lhe fazer justiça. Como, porém, nada de positivo houvesse substituído as ideias recebidas, ao longo período de uma crença cega sucedeu, transitoriamente, o período de incredulidade a que vem pôr termo a Nova Revelação. Era preciso demolir para reconstruir, visto como é mais fácil insinuar ideias justas aos que em nada creem, sentindo que algo lhes falta, do que fazê-lo aos que possuem uma ideia robusta, ainda que absurda."

Continuemos acompanhando as ilações de Kardec[44]: "Em cada existência, uma ocasião se depara à alma para dar um passo avante; de sua vontade depende a maior ou menor extensão desse passo: franquear muitos degraus ou ficar no mesmo ponto. Neste último caso, e porque cedo ou tarde se impõe sempre o pagamento de suas dívidas, terá de recomeçar nova existência em condições ainda mais penosas, porque a uma nódoa não apagada ajunta outra nódoa.

É, pois, nas sucessivas encarnações que a alma se despoja das suas imperfeições, que se purga, em uma palavra, até que esteja bastante pura para deixar os mundos de expiação como a Terra, onde os homens expiam o passado e o presente, em proveito do futuro. Contrariamente, porém, à ideia que deles se faz, depende de cada um prolongar ou abreviar a sua permanência, segundo o grau de adiantamento e pureza atingido pelo próprio esforço sobre si mesmo. O livramento se dá, não por conclusão de tempo nem por alheios méritos, mas pelo próprio mérito de cada um,

44 - KARDEC, Allan. O Céu e o Inferno. 51.ed. Rio [de Janeiro]: FEB, 2003, 1ª parte – cap. V, item 4.

consoante estas palavras do Cristo[45]: 'A cada um será dado de acordo com as suas obras', palavras que resumem integralmente a justiça de Deus."

Fechando com chave de ouro seus raciocínios, afirma Kardec[46]: "Nessa imensidade ilimitada, onde está o Céu? Em toda parte... Nenhum contorno lhe traça limites. Os mundos adiantados são as últimas estações do seu caminho, que as virtudes franqueiam e os vícios interditam. Ante este quadro grandioso que povoa o Universo, que dá a todas as coisas da Criação um fim e uma razão de ser, quanto é pequena e mesquinha a doutrina que circunscreve a Humanidade a um ponto imperceptível do Espaço, que no-la mostra começando em dado instante para acabar igualmente com o mundo que a contém, não abrangendo mais que um minuto na Eternidade! Como é triste, fria, glacial essa doutrina quando nos mostra o resto do Universo, durante e depois da Humanidade terrestre, sem vida, nem movimento, qual vastíssimo deserto imerso em profundo silêncio! Como é desesperadora a perspectiva dos eleitos votados à contemplação perpétua, enquanto a maioria das criaturas padece tormentos sem-fim! Como lacera os corações sensíveis a ideia dessa barreira entre mortos e vivos! As almas ditosas, dizem, só pensam na sua felicidade, como as desgraçadas, nas suas dores. Admira que o egoísmo reine sobre a Terra quando no-lo mostram no Céu? Oh! Quão mesquinha se nos afigura essa ideia da grandeza, do poder e da bondade de Deus! Quanto é sublime a ideia que d`Ele fazemos pelo Espiritismo! Quanto a Sua doutrina engrandece as ideias e amplia o pensamento! Mas, quem diz que ela é verdadeira? A Razão primeiro, a Revelação depois, e, finalmente, a sua concordância com os progressos da Ciência. Entre duas doutrinas, das quais uma amesquinha e a outra exalta os atributos de Deus; das quais uma só está em desacordo e a outra em harmonia com o progresso; das quais uma se deixa ficar na retaguarda enquanto a outra caminha, o bom-senso diz de que lado está a verdade. Que, confrontando-as, consulte cada qual a consciência, e uma voz íntima lhe falará por ela. Pois bem, essas aspirações íntimas são a voz de Deus, que não pode enganar os homens. Mas, dir-se-á, por que Deus não lhes re-

45- Jesus. (Mt.16:27.)

46 - KARDEC, Allan. O Céu e o Inferno. 51.ed. Rio [de Janeiro]: FEB, 2003, 1ª parte – cap. III, item 18.

velou de princípio toda a verdade? Pela mesma razão por que senão ensina à infância o que se ensina aos de idade madura.

A revelação limitada foi suficiente a certo período da Humanidade, e Deus a proporciona gradativamente ao progresso e às forças do Espírito. Os que recebem hoje uma revelação mais completa são os mesmos Espíritos que tiveram dela uma partícula em outros tempos, e que de então por diante se engrandeceram em inteligência.

Antes de a Ciência ter revelado aos homens as forças vivas da Natureza, a constituição dos astros, o verdadeiro papel da Terra e sua formação, poderiam eles compreender a imensidade do Espaço e a pluralidade dos mundos? Antes de a Geologia comprovar a formação da Terra, poderiam os homens tirar-lhe o inferno das entranhas e compreender o sentido alegórico dos seis dias da Criação? Antes de a Astronomia descobrir as leis que regem o Universo, poderiam compreender que não há alto nem baixo no Espaço, que o céu não está acima das nuvens nem limitado pelas estrelas? Poderiam identificar-se com a vida espiritual antes dos progressos da ciência psicológica? Conceber depois da morte uma vida feliz ou desgraçada, a não ser em lugar circunscrito e sob uma forma material? Não; compreendendo mais pelos sentidos que pelo pensamento, o Universo era muito vasto para a sua concepção; era preciso restringi-lo ao seu ponto de vista para alargá-lo mais tarde. Uma revelação parcial tinha sua utilidade, e, embora sábia até então, não satisfaria hoje. O absurdo provém dos que pretendem poder governar os homens de pensamento, sem se darem conta do progresso das ideias, quais se fossem crianças."

12
OS QUATRO BRAÇOS DO ÉDEN

O Espiritismo é o amparo do mundo neste século de despautérios

"(...) E saía um rio do Éden para regar o jardim;
e dali se dividia e se tornava em quatro braços".
Moisés. (Gênesis, 2:10.)

O Pentateuco Mosaico contém mais riquezas e informações do que pode perceber nossa vã imaginação. Com os sofisticados *"equipamentos"* de prospecção oferecidos pelo Espiritismo, depois de separados os cascalhos e as gangas constituídos pelas lendas e utopias engendradas pela humana ignorância, podemos fazer – com sucesso e gratas surpresas –, a descoberta desses inesgotáveis veios auríferos.

O célebre guia do povo hebreu disse muitas coisas que só agora, a partir do elevado ponto de observação oferecido pela perspectiva espiritista, podemos identificar e compreender. Aliás, Jesus já havia profetizado tal fato quando, mencionando o *"Consolador"*, disse que sua notória característica seria o condão de nos fazer lembrar Seus ensinamentos, além de nos *ensinar todas as coisas* necessárias à nossa definitiva alforria espiritual. Consequentemente, após o conhecimento da Verdade estaríamos libertos, conforme consta no registro de João, capítulo oito, versículo trinta e dois.

Compreendemos, então, que Moisés refere-se ao *"protoplasma"* (mencionado por Emmanuel[47]) que deu início à vida organizada na Terra, ao afirmar que: *"(...) Um vapor, porém, subia da terra, e regava toda a face da Terra"* (Gênesis, 2:6.). Mais adiante, quando afirma[48] que um rio saía do Éden e se dividia em quatro braços, ele estava se referindo às quatro grandes civilizações sur-

47 - XAVIER, Francisco Cândido. A Caminho da Luz. 37.ed. Rio [de Janeiro]: FEB, 2008, cap. I, "in fine".

48 - Moisés, Gênesis, 2:10.

gidas nos primórdios da Terra: a civilização *egípcia, a indiana, a indo-europeia e a chinesa.*

Nos capítulos IV a VIII de sua extraordinária obra *"A Caminho da Luz"*, Emmanuel oferece alguns dados históricos dessas vertentes primeiras que constituíram os pródromos da mesclada civilização hodierna. Estudemos alguns pequenos recortes dessas enriquecedoras aulas de História Geral de Emmanuel:

OS EGÍPCIOS

"Dentre os Espíritos degredados na Terra, os que constituíram a civilização egípcia foram os que mais se destacavam na prática do Bem e no culto da Verdade. Aliás, importa considerar que eram eles os que menos débitos possuíam perante o tribunal da Justiça Divina. Em razão dos seus elevados patrimônios morais, guardaram no íntimo uma lembrança mais viva das experiências de sua pátria distante. Um único desejo os animava: *trabalhar devotadamente para regressar, um dia, aos seus resplandecentes penates***.** Uma saudade torturante do Céu foi a base de todas as suas organizações religiosas. Em nenhuma civilização da Terra o culto da morte foi tão altamente desenvolvido. Em todos os corações morava a ansiedade de voltar ao Orbe distante, ao qual se sentiam presos pelos mais santos afetos.

Foi por esse motivo que, representando uma das mais belas e adiantadas civilizações de todos os tempos, as expressões do antigo Egito desapareceram para sempre do plano tangível do planeta. Depois de perpetuarem nas Pirâmides os seus avançados conhecimentos, todos os Espíritos daquela região africana regressaram à pátria sideral.

OS INDIANOS

Dos Espíritos degredados no ambiente da Terra, os que se gruparam nas margens do Ganges foram os primeiros a formar os pródromos de uma sociedade organizada, cujos núcleos representariam a grande percentagem de ascendentes das coletividades do porvir. As organizações hindus são de origem anterior à própria civilização egípcia e antecederam de muito os agrupamentos israelitas, de onde sairiam mais tarde personalidades, como as de Abraão e Moisés...

As almas exiladas naquela parte do Oriente muito haviam recebido da misericórdia do Cristo, de cuja palavra de amor e figura luminosa guardaram as mais comovedoras recordações, traduzidas na beleza dos Vedas e dos Upanishads.

Foram elas as primeiras vozes da filosofia e da religião no mundo terrestre, como provindo de uma raça de profetas, de mestres e iniciados, em cujas tradições iriam beber a Verdade os homens e os povos do porvir, salientando-se que também as suas escolas de pensamento guardavam os mistérios iniciáticos, com as mais sagradas tradições de respeito.

OS INDO-EUROPEUS

Se as civilizações hindu e egípcia se definiram no mundo em breves séculos, o mesmo não aconteceu com a civilização ariana, que ia iniciar na Europa os seus movimentos evolutivos. Somente com o escoar de muitos séculos regularizaram-se as suas migrações sucessivas, através dos planaltos da Pérsia. Do Irã procederam quase todas as correntes da raça branca, que representariam mais tarde os troncos genealógicos da família indo-europeia. Os arianos que procuravam as novas emoções de uma terra desconhecida eram, na sua maioria, os espíritos revoltados com as condições do seu degredo; pouco afeitos aos misteres religiosos que, pela força das circunstâncias, impunham uma disciplina de resignação e humildade, não cuidaram da conservação do seu tradicionalismo, na ânsia de conquistar um novo paraíso e serenarem, assim, as suas inquietações angustiosas.

OS CHINESES

A China é a árvore mais antiga das civilizações terrestres. Inegavelmente, o mais prístino foco de todos os surtos evolutivos do globo é a China milenária, com o seu espírito valoroso e resignado, mas sem rumo certo nas estradas da edificação geral.

Quando se verificou o advento das almas proscritas do sistema de Capela, em épocas remotíssimas, já a existência chinesa contava com uma organização regular, oferecendo os tipos mais homogêneos e mais selecionados do planeta, em face dos remanescentes humanos primitivos. Suas tradições já andavam de geração em geração, construindo as obras do porvir. Daí se infere que, de fato, a história da China remonta a épocas ancestrais, no seu passado multimilenário, e esse povo, que deixa agora entrever certa estagnação nos seus valores evolutivos, sempre foi igualmente acompanhado na sua marcha por aquela misericórdia infinita que, do Céu, envolve todos os corações que pulsam na Terra".

13
A VERDADEIRA CARIDADE

A Caridade é o caminho único da salvação

"A caridade é um Sol que deve fulgurar no centro do próprio ser, irradiando a bendita claridade do Alto, em todas as direções".
Emmanuel

A resposta que os Benfeitores Espirituais deram a Allan Kardec quando este perguntou qual é o verdadeiro sentido da palavra caridade, como a entendia Jesus, é por demais importante e significativa[49]: *"Benevolência para com todos; indulgência para as imperfeições dos outros, perdão das ofensas".*

A caridade é o caminho único da salvação e está franqueada a todos. A lição do óbolo da viúva[50] é portentosa e significativa, mas só com as claridades da Doutrina Espírita é que podemos admirá-la em toda a pujança do seu conteúdo filosófico. Com o Espiritismo abre-se o leque da caridade que se desdobra em nuanças com as quais não atinávamos.

Quantos deploram os escassos recursos de que são portadores para a prática da caridade, simplesmente porque ignoram que sendo ela (a caridade) a senda única da salvação, está franqueada a todos, indistintamente, uma vez que Deus não nos apontaria uma passagem inviável para a nossa redenção! Portanto, no elevado patamar em que situa o nosso entendimento, a Doutrina Espírita faz-nos compreender os desdobramentos da caridade emancipadora sem o mínimo custo financeiro: *a caridade moral.*

Segundo Irmã Rosália[51], "(...) A caridade moral consiste em se suportarem umas às outras as criaturas, e é o que menos fazemos nesse mundo inferior, onde nos achamos, por agora, encarnados. Grande mérito há em um homem saber calar-se, deixando que fale

---

49 - KARDEC, Allan. O Livro dos Espíritos. 88.ed. Rio [de Janeiro]: FEB, 2006, q. 886.

50 - Lucas, 21:1 a 4.

51 - KARDEC, Allan. O Evangelho Seg. o Espiritismo. 125.ed. Rio: FEB, 2006, cap. XIII, item 9, § 6º.

outro mais tolo do que ele. É um gênero de caridade isso".

Eis, no entendimento de Um Espírito Protetor, uma pequena mostra das mil maneiras de praticar a caridade moral [52]: "(...) Podeis praticá-la por pensamentos, por palavras e por ações.

Por pensamentos, orando pelos pobres abandonados, que morreram sem se acharem sequer em condições de ver a luz; uma prece feita de coração alivia-os.

Por palavras, dando aos vossos companheiros de todos os dias alguns bons conselhos. Desta maneira, aos velhos que vos disserem: 'É inútil; estou no fim da minha jornada; morrerei como vivi', dizei: '*Deus usa de justiça igual para com todos nós; lembrai--vos dos obreiros da última hora*'. Às crianças já viciadas pelas companhias de que se cercaram e que vão pelo mundo, prestes a sucumbir às más tentações, dizei: '*Deus vos vê, meus caros pequenos*', e não vos canseis de lhes repetir essas brandas palavras. Elas acabarão por lhes germinar nas inteligências infantis e, em vez de vagabundos, fareis deles homens. Também isso é caridade".

Adolfo, bispo de Argel, em encantadora peroração, tece loas à caridade verdadeira, sob a perspectiva do Mundo Maior, ao mesmo tempo em que nos oferece uma programação de trabalho nos seguintes termos:[53] "(...) Caridade! Caridade! Sublime palavra que sintetiza todas as virtudes, és tu que hás de conduzir os povos à felicidade... Praticando-te, criarão eles para si infinitos gozos no futuro e, enquanto se acharem exilados na Terra, tu lhes serás a consolação, o prelibar das alegrias de que fruirão mais tarde, quando se encontrarem reunidos no seio do Deus de amor. Foste tu, virtude divina, que me proporcionaste os únicos momentos de satisfação de que gozei na Terra. Que os meus irmãos encarnados creiam na palavra do amigo que lhes fala, dizendo-lhes: '***É na caridade que deveis procurar a paz do coração****, o contentamento da alma, o remédio para as aflições da Vida*'".

Por tudo isso, inspiradamente compôs Casimiro Cunha[54]:

"Um gesto de Caridade/ Apaga muitas feridas,/ Um minuto de Evangelho/ Pode salvar muitas vidas".

---

52 - Idem, ibidem, cap. XIII, item 10.

53 - KARDEC, Allan. O Evangelho Seg. o Espiritismo. 129.ed. Rio [de Janeiro]: FEB, 2009, cap. XIII, item 11.

54 - XAVIER, F. Cândido. Cartas do Coração. 3.ed. S.Paulo: LAKE, 1999, p.160.

14
A QUÍMICA DO AMOR E A DINÂMICA DA CARIDADE

A piedade é o melancólico, mas celeste precursor da caridade

Mas, um samaritano, que ia de viagem, chegou ao pé d`ele, e, vendo-o, moveu-se de íntima compaixão; e, aproximando-se, atou-lhe as feridas, deitando-lhe azeite e vinho; e pondo-o no cavalo, levou-o para uma estalagem e cuidou dele.»
Jesus. (Lc., 11:33 e 34)

A Caridade é a síntese de todas as virtudes... S. Vicente de Paulo[55] afirma ser ela "(...) em todos os mundos, a âncora de salvação; é a mais pura emanação do próprio Criador; é a Sua própria virtude, dada por Ele à criatura. A Caridade é a virtude fundamental sobre que há de repousar todo o edifício das virtudes terrenas. Sem ela não existem as outras. Sem a Caridade não há esperar melhor sorte, não há interesse moral que nos guie; sem a Caridade não há fé"

O nobre apóstolo Paulo ainda disse[56]: *"Agora, pois, permaneçam a fé, a esperança e a Caridade, estas três; mas a maior destas é a Caridade."*

O Espiritismo desfralda, em sua bandeira: *"Fora da Caridade não há salvação"*. Jamais poderemos praticar a Caridade, isto é, o verdadeiro Amor lecionado e exemplificado por Jesus, se não nos sensibilizarmos com a dor do próximo, permanecendo aprisionados no egoísmo. Segundo apontamentos de Miguel[57] um Espírito Amigo, *"a piedade é o melancólico, mas celeste precursor da caridade"*.

---

55 - KARDEC, Allan. O Evangelho Seg. o Espiritismo. 129. ed. Rio [de Janeiro]: FEB, 2009, cap. XIII, item 12.

56 - Paulo, I cor., 13:13.

57 - KARDEC, Allan. O Evangelho Seg. o Espiritismo. 129. ed. Rio [de Janeiro]: FEB, 2009, cap. XIII, item 17

Na “*Parábola do Bom Samaritano*”, flagramos claramente o momento em que a piedade aciona os recursos da caridade que o viajante dispensa ao caído. O sacerdote e o levita não se compadeceram da vítima dos salteadores porque em seus corações não se aninhava a piedade, que é a nobre precursora da caridade.

Ditoso é aquele que ultrapassa as suas limitações e rompe as sólidas muralhas do egoísmo, doando-se aos *“filhos do Calvário”* nas leiras da Caridade! Esse já está livre dos grilhões do egoísmo soez e já vislumbra os panoramas do Infinito, prelibando os suavíssimos gozos da Alma por ter logrado atravessar a *“porta-estreita”*, acessando, empós, os remansosos pastos espirituais, onde, enfim, recebe sua herança maior: a parcela que lhe compete do Reino dos Céus.

15
A FIGUEIRA ESTÉRIL

Os médiuns são árvores destinadas a fornecer alimento espiritual

"Pedro, lembrando-se do que dissera Jesus, exclamou: 'Mestre! Olha como secou a figueira que amaldiçoaste'"
Marcos, 11:21.

As parábolas, como se sabe, são narrativas ficcionais e alegóricas, histórias algumas vezes até exageradas, mas cuja simbologia não podemos menosprezar... Ora, em hipótese alguma podemos imaginar Jesus amaldiçoando, Ele que é o vexilário maior do Amor e do perdão incondicionais... Assim, cumpre se extraia o *"espírito da letra"*, vez que esta mata e aquele vivifica.

Atentemos ao ensinamento do Mestre Lionês[58] acerca desse tema: "A figueira estéril que secou é o símbolo dos que apenas aparentam propensão para o bem, mas que, em realidade, nada de bom produzem; dos oradores que mais brilho têm do que solidez, cujas palavras trazem superficial verniz, de sorte que agradam aos ouvidos, sem que, entretanto, revelem, quando perscrutadas, algo que seja substancial para os corações. É de perguntar-se que proveito tiraram delas os que as escutaram.

Simboliza também todos aqueles que, tendo meios de ser úteis, não o são; todas as utopias, todos os sistemas ocos, todas as doutrinas carentes de base sólida. O que a mais das vezes falta é a verdadeira fé, a fé produtiva, a fé que abala as fibras do coração, a fé, numa palavra, que transporta montanhas. São árvores cobertas de folhas, porém, baldas de frutos. Por isso é que Jesus as condena à esterilidade, porquanto dia virá em que se acharão secas até à raiz.

Quer dizer que todos os sistemas, todas as doutrinas que nenhum bem para a Humanidade houverem produzido, cairão reduzidas a nada; que todos os homens deliberadamente inúteis, por

58 - KARDEC, Allan. O Evangelho Seg. o Espiritismo. 129. ed. Rio: FEB, 2009, cap. XIX, itens 9 e 10.

não terem posto em ação os recursos que traziam consigo, serão tratados como a figueira que secou.

Os médiuns são os intérpretes dos Espíritos; suprem, assim, nestes últimos, a falta de órgãos materiais pelos quais transmitem suas instruções. Daí vem o serem dotados de faculdades para esse efeito. Nos tempos atuais, de renovação social, cabe-lhes uma missão especialíssima: são árvores destinadas a fornecer o alimento espiritual a seus irmãos; multiplicam-se em número para que abunde o alimento. Se, porém, eles desviam do objetivo providencial a preciosa faculdade que lhes foi concedida; se a empregam em coisas fúteis ou prejudiciais; se a põem a serviço dos interesses mundanos; se em vez de frutos sazonados dão maus frutos; se há recusa em utilizá-la em benefício dos outros; se nenhum proveito tiram dela para si mesmos, melhorando-se, são quais a figueira estéril. Deus retirar-lhes-á um dom que se tornou inútil neles: a semente que não sabem fazer com que frutifique, e consentirá que se tornem presas de Espíritos maus".

16
A GRANDEZA DO COMPORTAMENTO INFANTIL

Jesus toma uma criança como tipo da simplicidade de coração

"Digo-vos, em verdade, que se não vos converterdes e tornardes quais crianças, não entrareis no Reino dos Céus." Jesus. (Mt., 18:3)

A criança é sempre espontânea e sincera em seus atos e palavras; portanto, habitualmente o subterfúgio e a hipocrisia não fazem parte de seu *modus vivendi.*

Em mensagem inserta no terceiro livro da Codificação Espírita, João, o Evangelista, retorna, por meio dos canais da mediunidade, para afirmar que, ao dizer o Cristo[59]: *"Deixai que venham a mim as criancinhas,* Ele chamava a Si a infância intelectual da criatura formada: os fracos, os escravizados, e os viciosos..."

Em mensagem não verbalizada, porém subentendida nas entrelinhas, Jesus, com essas palavras, faz-nos sentir a necessidade de nos mostrarmos mais dóceis e maleáveis aos alvitres divinos que irão caldear nossa personalidade de *"homem-novo"*, ao mesmo tempo em que extinguirão os perniciosos azinhavres do *"homem-velho"*.

Um Espírito[60] esclarece, ainda, sobre essa mesma frase de Jesus: *"Deixai venham a mim as criancinhas, pois tenho o leite que fortalece os fracos. Deixai venham a mim todos os que, tímidos e débeis, necessitam de amparo e consolação. Deixai venham a mim todos os que sofrem, a multidão dos aflitos e dos infortunados..."*

Segundo o insuperável Mestre Lionês[61], "Jesus toma uma criança como tipo da simplicidade de coração e diz: '*Será o maior no*

59 - KARDEC, Allan. O Evangelho Seg. o Espiritismo. 129. ed. Rio [de Janeiro]: FEB, 2009, cap. VIII, item 18.

60 - Idem, ibidem, item 19.

61 - KARDEC, Allan. O Evangelho Seg. o Espiritismo. 129.ed. Rio [de Janeiro]: FEB, 2009, cap. VII, item 6.

Reino dos Céus aquele que se humilhar e se fizer pequeno como uma criança', isto é, que nenhuma pretensão alimentar à superioridade.

(...) O Espiritismo sanciona pelo exemplo a teoria, mostrando-nos na posição de grandes no Mundo dos Espíritos os que eram pequenos na Terra, e bem pequenos, muitas vezes, os que na Terra eram os maiores e os mais poderosos. É que os primeiros, ao morrerem, levaram consigo aquilo que faz a verdadeira grandeza no Céu e que não se perde nunca: as virtudes".

Torna-se indispensável que nos matriculemos nas Hostes do Bem com Jesus em regime de doação e dedicação integrais, ensejando-nos o crescimento que nos fará *"quais crianças"*, aptos, portanto, a merecer o passaporte com visto de permanência no Reino dos Céus.

17
A HABITAÇÃO E O HABITANTE

Muito diferentes umas das outras são as condições dos mundos

"Na Casa de meu Pai há muitas moradas; se não fosse assim eu vô-lo teria dito: vou preparar-vos lugar."
Jesus. (Jo., 14:2.)

Construímos nossa individualidade em milhares de vidas e em incontáveis planetas, sob a tutela dos nossos Irmãos Maiores da Espiritualidade, numa escalada incessante da montanha do progresso, através das também incontáveis reencarnações.

Os Espíritos apontam[62] outros fins para a reencarnação, *"(...) o de pôr o Espírito em condições de suportar a parte que lhes toca na obra da Criação. Para executá-la é que, em cada mundo, toma o Espírito um instrumento, de harmonia com a matéria essencial desse mundo, a fim de aí cumprir, daquele ponto de vista, as ordens de Deus. E assim que, concorrendo para a obra geral, ele próprio se adianta"*.

Vislumbramos, portanto, à nossa frente, um vasto horizonte, uma imensa estrada evolutiva a trilhar. Vem, pois, a Doutrina Espírita conscientizar-nos de nossa responsabilidade individual nesse infinito processo como copartícipes da Criação. Assim, é da Lei que a habitação guarde certa identidade com o habitante – tal habitante, tal Orbe.

Também[63], "(...) do ensino dado pelos Espíritos, resulta que muito diferentes umas das outras são as condições dos mundos quanto ao grau de adiantamento ou de inferioridade dos seus habitantes. Nos mundos inferiores, a existência é toda material, reinam, soberanas, as paixões, sendo quase nula a vida moral. À medida que esta se desenvolve, diminui a influência da matéria de

62 - KARDEC, Allan. O Livro dos Espíritos. 83.ed.Rio [de Janeiro]: FEB,2003, q. 132.

63 - KARDEC, Allan. O Evangelho Seg. o Espiritismo. Rio [de Janeiro[: FEB, 2003, cap. III, itens 3 e 4.

tal maneira que, nos mundos mais adiantados, a vida é, por assim dizer, toda espiritual.

Embora se não possa fazer dos diversos mundos uma classificação absoluta, pode-se, contudo, em virtude do estado em que se acham e da destinação que trazem, tomando por base os matizes mais adiantados, dividi-los, de modo geral, como se segue:

Mundos Primitivos: destinados às primeiras encarnações da alma humana;

Mundos de Provas e Expiações: onde domina o mal;

Mundos de Regeneração: onde as almas que ainda têm o que expiar haurem novas forças, repousando das fadigas da luta;

Mundos Ditosos: onde o bem sobrepuja o mal;

Mundos Celestes ou Divinos: habitações de Espíritos depurados, onde exclusivamente reina o bem".

Estamos, agora, em condições de traçar um paralelo entre o corpo perecível e o Espírito imortal onde este é o habitante e aquele, a morada. Da mesma forma, a "habitação" *(corpo físico)* guarda relação como o "habitante" *(Espírito imortal).*

Aprendemos com Kardec[64]: *"A considerar-se senão a matéria, abstraindo do Espírito, o homem nada tem que o distinga do animal. Tudo, porém, muda de aspecto, logo que se estabelece distinção entre a habitação e o habitante".*

"O Espírito é tudo; o corpo é simples veste que apodrece "[65].

Ensina, ainda, o Mestre Lionês[66]: "Quando, em um mundo, os Espíritos hão realizado a soma de progresso que o estado desse mundo comporta, deixam-no para encarnar em outro mais adiantado, onde adquiram novos conhecimentos e assim por diante, até que, não lhes sendo mais de proveito algum a encarnação em corpos materiais, passam a viver exclusivamente da vida espiritual, na qual continuam a progredir, mas noutro sentido e por outros meios. Chegados ao ponto culminante do progresso, gozam da suprema felicidade. Admitidos nos Conselhos do Onipotente, conhecem-Lhe o pensamento e se tornam Seus mensageiros, Seus ministros diretos no gover-

64 - KARDEC, Allan. A Gênese. 43. ed.Rio [de Janeiro]: FEB, 2003, cap. XI, item 14.

65 - KARDEC, Allan. O Livro dos Espíritos. 83. ed. Rio: FEB, 2003, q. 196a.

66 - KARDEC, Allan. A Gênese. 43. ed. Rio [de Janeiro]: FEB, 2003, cap. XI, item 28.

no dos mundos, tendo sob as suas ordens os Espíritos de todos os graus de adiantamento.

A coletividade dos Espíritos constitui, de certo modo, a Alma do Universo. Por toda parte, o elemento espiritual é que atua em tudo, sob o influxo do pensamento divino. Sem esse elemento, só há matéria inerte, carente de finalidade, de inteligência, tendo por único motor as forças materiais, cuja exclusividade deixa insolúveis uma imensidade de problemas. Com a ação do elemento espiritual individualizado, tudo tem uma finalidade, uma razão de ser, tudo se explica. Prescindindo da espiritualidade, o homem esbarra em dificuldades insuperáveis."

Quando a *"habitação"* (planeta e corpo físico) já não estiver em correspondência com o progresso que haja alcançado o Espírito *"habitante"*, ele (o Espírito) emigrará daquele meio para encarnar noutro mais elevado e assim por diante, até atingir a perfeição máxima possível. Por esse motivo é que Jesus afirmou[67]: *"Necessário vos é nascer de novo"*. E em outra ocasião afirmaria:[68] *"Na Casa do Pai há muitas moradas."*

67 - João, 3:7.

68 - João, 14:2.

18
A SUSTENTAÇÃO CONCEITUAL DO ESPIRITISMO

Na universalidade do ensino dos Espíritos reside a força do Espiritismo

"Experimentai se os Espíritos são de Deus..."
- I João, 4:1.

A Doutrina Espírita apresenta – entre outros – um extraordinário diferencial que a coloca em um patamar jamais logrado por nenhuma outra religião ou filosofia: *a Universalidade do Ensino dos Espíritos.* Aí está o quão inexpugnável e inviolável é o sistema de segurança do Espiritismo, o que lhe dá incontestável autoridade! Tão importante e notável é este diferencial que Allan Kardec vai referir-se a ele logo no tomo II da introdução de *O Evangelho Segundo o Espiritismo.* Fixemo-nos em alguns daqueles tópicos para nossa instrução:

"(...) Se a Doutrina Espírita fosse de concepção puramente humana, não ofereceria por penhor senão as luzes daquele que a houvesse concebido. Ora, ninguém neste mundo poderia alimentar fundadamente a pretensão de possuir, com exclusividade, a verdade absoluta. Se os Espíritos que a revelaram se houvessem manifestado a um só homem, nada lhe garantiria a origem, porquanto fora mister acreditar, sob palavra, naquele que dissesse ter recebido deles o ensino.

(...) Quis Deus que a Nova Revelação chegasse aos homens por mais rápido caminho e mais autêntico. Incumbiu, pois, os Espíritos de levá-la de um pólo a outro, manifestando-se por toda a parte, sem conferir a ninguém o privilégio de lhes ouvir a palavra.

(...) São, pois, os próprios Espíritos que fazem a propaganda do Espiritismo, com o auxílio dos inúmeros médiuns que, também eles, os Espíritos, vão suscitando de todos os lados. Se tivesse havido unicamente um intérprete, por mais favorecido que fosse, o Espiritismo mal seria conhecido. Qualquer que fosse a classe a que pertencesse, tal intérprete houvera sido objeto das prevenções de muita gente e nem todas as nações o teriam aceitado, ao passo que os Espíritos se comunicam em todos os pontos da Terra, a todos os povos, a todas as seitas, a todos os partidos, e todos os aceitam. O Espiritismo não tem nacionalidade e não faz parte de nenhum culto existente; nenhuma classe social o impõe, visto que qualquer pessoa pode receber instruções de seus parentes e amigos de além-túmulo. *Nessa universalidade do ensino dos Espíritos reside a força do Espiritismo* e, também, a causa de sua tão rápida propagação. Enquanto a palavra de um só homem, mesmo com o concurso da imprensa, levaria séculos para chegar ao conhecimento de todos, milhares de vozes se fazem ouvir simultaneamente em todos os recantos do planeta, proclamando os mesmos princípios e transmitindo-os tanto aos mais ignorantes quanto aos mais doutos, a fim de que não haja deserdados. É uma vantagem de que não gozara ainda nenhuma das doutrinas surgidas até hoje. Se o Espiritismo, portanto, é uma verdade, não teme o malquerer dos homens, nem as revoluções morais, nem as subversões físicas do globo, porque nada disso pode atingir os Espíritos".

Kardec sintetiza bem este mecanismo universal de sustentação conceitual do Espiritismo, afirmando categoricamente: *"Uma só garantia séria existe para o ensino dos Espíritos: que haja concordância entre as revelações que eles façam espontaneamente, servindo-se de grande número de médiuns estranhos uns aos outros e em vários lugares"*.

E completa ainda o Mestre Lionês: "(...) Não será à opinião de um homem que se aliarão os outros, mas à voz unânime dos Espíritos; não será um homem, nem nós, nem qualquer outro que fundará a ortodoxia espírita; tampouco será um Espírito que se venha impor a quem quer que seja: será a universalidade dos Espíritos que se comunicam em toda a Terra, por ordem de Deus. Esse é o caráter essencial da Doutrina Espírita; essa a sua força, a sua autoridade!

Quis Deus que a sua lei assentasse em base inamovível e por isso não lhe deu por fundamento a cabeça frágil de um só".

O Nobre e Insuperável Filho de Lyon finaliza o mencionado tomo, descortinando-nos – de forma magistral e segura – as alvíssaras de um futuro ditoso: "(...) Já se desenha o harmonioso conjunto... Este século não passará sem que ele resplandeça em todo o seu brilho, de modo a dissipar todas as incertezas, porquanto daqui até lá potentes vozes terão recebido a missão de se fazerem ouvir, para congregar os homens sob a mesma bandeira, uma vez que o campo se ache suficientemente lavrado".

19
ESPIRITISMO & CULTURA

O conhecimento sem a vivência tem efeito apenas ornamental

"Espíritas, amai-vos; espíritas, instruí-vos"
O Espírito da Verdade

O Espiritismo, além de muitos outros papéis importantes, apresenta ainda um caráter cultural: é Roteiro de Luz, Emancipador de Almas, Consolador Prometido, etc. A bibliografia espírita é riquíssima mostra desse aspecto; portanto, o espírita jamais poderá deixar de utilizar (sem preguiça) um bom dicionário, o que contribuirá para o seu próprio enriquecimento cultural – o qual, podemos assim observar nas leituras espíritas, existe paralelamente ao enriquecimento doutrinário.

Com seu indiscutível discernimento, Deolindo Amorim[69] disserta sobre a cultura em suas variegadas nuanças conceituais, e em particular sobre a cultura espírita: "(...) A palavra cultura, no uso corrente, significa simplesmente *"refinamento da inteligência"* ou bagagem intelectual: cultura literária, filosófica, científica, etc.

Geralmente se confunde cultura com erudição. Esta última, na realidade, é apenas um instrumento, um meio, aliás, indispensável, porque indica as fontes e fornece informações, mas a cultura tem outros aspectos: visão de conjunto, espírito analítico, enriquecimento de aquisições em sentido progressivo, além de oferecer sua contribuição própria, desvelar relações novas e assim por diante.

Cultura não é mera repetição do que se lê e grava na memória... Podemos entender a noção de cultura em acepções diferentes, dependendo, é claro, do contexto em que esteja situada. Dentro de um contexto literário, obviamente cultura significa lastro intelectual, adornado com o fulgor da inteligência e a expressão estética das formas de expandir o pensamento. Já no contexto das ciên-

69 - AMORIM, D. Doutrina Espírita. 2. ed. Salvador: Circulus, 2002, p.p. 95-100.

cias sociais, entretanto, a palavra tem outro valor muito diferente. Quando o homem de letras e o cientista social falam em cultura, até parece que usam línguas estranhas, pois os termos estão muito distanciados na significação...

Para o homem que se dedica às ciências sociais (antropologia ou sociologia, por exemplo), cultura é o conjunto de técnicas, costumes, símbolos, crenças, valores, etc. – o que, na linguagem antropológica, se chama *"complexo cultural"*. Todo esse conjunto, que traduz o modo de vida do homem dentro de seu habitat, é o que caracteriza um povo, tanto em grupos australianos quanto nas tendas dos esquimós, por exemplo.

Cultura, finalmente, em termos de Etnologia ou Antropologia Cultural, como preferem alguns autores, é tudo quanto possa revelar um sistema de vida, começando pelos instrumentos de trabalho, seus artefatos, seus tabus; o polimento de qualquer utensílio de caçar, um arco indígena, a forma de preparar os alimentos, a cerimônia do matrimônio, a maneira de cultuar suas divindades. Seja nos grupos mais primários ou nos confins do mundo, todo esse complexo é a cultura do grupo – da tribo, em linguagem de ciência social. Dentro desta conceituação global, há uma divisão entre cultura material e cultura espiritual. Chama-se cultura material o acervo de objetos de uso, técnicas moradia, etc., enquanto a cultura espiritual diz respeito aos valores subjetivos: adoração, evocações espirituais, noções de vida futura. Há tratadistas que não adotam essa divisão em termos rígidos, por entenderem que o elemento material e o espiritual são simplesmente aspectos da cultura, tomada em termos integrais. A divisão seria apenas didática. Antes de chegarmos ao ponto de mais interesse para nós - a cultura espírita - devemos fazer algumas observações, que nos parecem necessárias, a respeito do caráter da cultura em relação a seus fins, suas aplicações:

CULTURA DESINTERESSADA E CULTURA PRÁTICA

Há dois tipos de cultura, bem distintos: a cultura desinteressada, que permite o saber pelo saber, e a cultura profissional ou prática, que visa um fim imediato. A cultura intelectual – quer nas especulações filosóficas, quer na literatura ou nas ciências, nas artes, etc. –, utiliza-se do conhecimento puro ou intensivo, porque se empenha em descobrir a verdade que lhe interessa ou, quando não é assim, deseja apenas enriquecer a inteligência, *ilustrando o espírito*, como se diz. É a cultura desinteressada, uma vez que não tem um objetivo imediato, um programa de ordem profissional ou um compromisso condicionante. Há, entretanto, uma cultura que é realmente interessada, porque se realiza em função de um interesse direto: é a cultura profissional, cujo objetivo não é o saber puro e profundo, mas o substrato de conhecimentos suficientes para um programa de vida.

CULTURA ESPÍRITA

Em termos simples, cultura espírita é conhecimento do Espiritismo em todos os aspectos. Como nos outros campos de cultura, o estudo sério da Doutrina reclama pelo menos três condições psicológicas: perseverança, espírito crítico e isenção de prevenções ou ideias preconcebidas. É certo que a Cultura Espírita também é desinteressada e especulativa, até certo ponto, mas não fica no plano puramente teórico, uma vez que tem implicações normativas porque afirma a predominância de valores éticos: a moralidade individual, a reforma íntima do homem, o amor como base da convivência humana, a dignidade intelectual, etc. *Estuda-se o Espiritismo para saber e também para viver.* O saber sem a vivência tem efeito apenas ornamental. Ninguém estuda seriamente uma doutrina tão complexa e tão profunda como o Espiritismo apenas para brilhar, conquistar fama ou consolidar posições de prestígio social. Não! É uma cultura de aplicação aos atos de responsabilidade, em qualquer circunstância, visando sempre e acima de tudo a predominância do lado espiritual da vida e o melhoramento moral do ser humano. O conhecimento da Doutrina Espírita em profundidade torna o portador ou detentor dessa cultura cada vez mais responsável pelo uso que venha a fazer das faculdades espirituais, pois muito será pedido àquele a quem muito foi dado, conforme adverte o Evangelho.

Não podemos falar em cultura espírita sem dizer que a sua fonte primacial é a Doutrina codificada por Allan Kardec; portanto, não se pode constituir a legítima Cultura Espírita sem a Doutrina, sem o conhecimento seguro de sua fonte básica.

DENOMINAÇÃO ADEQUADA

Existe uma propensão a descaracterizar a Doutrina Espírita, enquadrando-a em configurações indefinidas ou pouco precisas de espiritualismo, universalismo, psiquismo, como se tudo isso não estivesse no próprio corpo da Doutrina. Pelo fato de haver muito desenvolvimento no campo da cibernética, da eletrônica e da física, por exemplo, o que, aliás, ninguém pode desconhecer, já se pensa que a Doutrina Espírita perdeu a razão de ser... Então, a Doutrina deveria adaptar-se à nova sistemática, substituindo até seus termos específicos. Haveria uma diluição pura e simples do Espiritismo, que não teria mais um caráter religioso, e sim qualquer elemento de combinação terminológica. Daí, naturalmente, uma consequência inevitável: a Doutrina Espírita entraria, como parte, na construção de um sistema diferente, que não seria mais um todo homogêneo, com características inconfundíveis. Até o nome Espiritismo, que lhe é inerente, terminaria desaparecendo na elasticidade ou na fluidez de um neologismo inovador. Mas o Espiritismo não é uma teoria, que é uma hipótese de trabalho e, como tal, está sujeita à substituição e reformulação: é uma doutrina, sabem-no todos quantos o estudam bem, e uma doutrina, em seu verdadeiro sentido, pressupõe uma constituição assentada sobre experiências e princípios. Assim é a Doutrina Espírita. Não se pode fazer adaptações a formas e fórmulas criadas por situações transitórias...

(...) Se uma doutrina que já é tradicional, já testada e confirmada por mais de um século de experiência como é o Espiritismo, amolda-se a um esquema diferente e abre mão de sua nomenclatura e de suas afirmações fundamentais, transformando-se em mero compartimento de uma combinação, claro que compromete toda a estrutura que lhe é característica. Isto significa, nada mais, nada menos, despersonalizar a Doutrina.

O Espiritismo tem, portanto, expressões claras, tem uma linha de pensamento seguramente definida, tem uma direção inequívoca e, por isso mesmo, é uma doutrina inamoldável a improvisações e *ajustamentos*".

20
A RELIGIÃO SEGUNDO ALLAN KARDEC

O abuso do sobrenatural e do maravilhoso prejudicou o Cristianismo

"Sem o princípio espiritual não há religião possível."
Allan Kardec[70]

Afirma Kardec[70]: "Pretender-se que o sobrenatural é o fundamento de toda religião, que ele é o fecho da abóbada do edifício cristão, é sustentar perigosa tese. Assentar exclusivamente as verdades do Cristianismo sobre a base do maravilhoso é dar-lhe fraco alicerce, cujas pedras facilmente se soltam. Essa tese, de que se constituíram defensores eminentes teólogos, leva direto à conclusão de que, em breve tempo, já não haverá religião possível, nem mesmo a cristã, desde que se chegue a demonstrar que é natural o que se considera sobrenatural, visto que, por mais que se acumulem argumentos, não se logrará sustentar a crença de que um fato é miraculoso, depois de se haver provado que não o é. Ora, a prova existe de que um fato não constitui exceção às leis naturais, logo que pode ser explicado por essas mesmas leis e que, podendo reproduzir-se por intermédio de um indivíduo qualquer, deixa de ser privilégio dos santos. Aquilo de que necessitam as religiões não é do sobrenatural, mas do princípio espiritual, que erradamente costumam confundir com o maravilhoso e sem o qual não há religião possível.

O Espiritismo considera de um ponto de vista mais elevado a religião cristã; dá-lhe base mais sólida do que a dos milagres: as imutáveis leis de Deus, a que obedecem assim tanto o princípio espiritual quanto o princípio material. Essa base desafia o tempo e a Ciência, pois que ambos vão sancioná-la.

Deus não se torna menos digno de nossa admiração, do nosso reconhecimento, do nosso respeito, por não haver derrogado Suas

70 - KARDEC, Allan. A Gênese. 43. ed. Rio [de Janeiro]: FEB, 2003, cap. XIII, item 18.

leis, grandiosas, sobretudo, pela imutabilidade que as caracteriza. Não se faz mister o sobrenatural, para que se preste a Deus o culto que Lhe é devido. A Natureza não é de si mesma tão imponente que dispense se lhe acrescente seja o que for para provar a Suprema Potestade? A religião enfrentará tanto menos incredulidade quanto mais a razão sancioná-la em todos os pontos. O Cristianismo nada tem a perder com semelhante sanção, ao contrário, só tem a ganhar. Se alguma coisa o há prejudicado na opinião de muitas pessoas foi precisamente o abuso do sobrenatural e do maravilhoso".

Continua ensinando o Mestre de Lyon[71]: "Todas as religiões admitiram igualmente o princípio da felicidade ou infelicidade da Alma após a morte, ou, por outra, as penas e gozos futuros, que se resumem na doutrina do Céu e do Inferno encontrada em toda parte. No que elas diferem essencialmente é quanto à natureza dessas penas e gozos, principalmente sobre as condições determinantes de umas e de outras. Daí os pontos de fé contraditórios dando origem a cultos diferentes, e os deveres impostos por estes, consecutivamente, para honrar a Deus e alcançar por esse meio o Céu, evitando o Inferno.

Todas as religiões houveram de ser em sua origem relativas ao grau de adiantamento moral e intelectual dos homens; esses, assaz materializados para compreenderem o mérito das coisas puramente espirituais, fizeram consistir a maior parte dos deveres religiosos no cumprimento de fórmulas exteriores; e, por muito tempo essas fórmulas lhes satisfizeram a razão; porém, mais tarde, porque se fizesse luz em seu espírito, sentindo o vácuo dessas fórmulas, uma vez que a religião não o preenchia, abandonaram-na e se tornaram filósofos.

Se a religião, apropriada em começo aos conhecimentos limitados do homem, tivesse acompanhado sempre o movimento progressivo do espírito humano, não haveria incrédulos, porque está na própria natureza do homem a necessidade de crer, e ele crerá desde que se lhe dê o pábulo espiritual de harmonia com as suas necessidades intelectuais.

O homem quer saber donde veio e para onde vai. Mostrando-lhe um fim que não corresponde às suas aspirações nem à ideia

71 - KARDEC, Allan. O Céu e o Inferno. 51.ed. Rio [de Janeiro]: FEB, 2003, 1ª parte, cap.I, itens 11 a 14.

que ele faça de Deus, tampouco aos dados positivos que lhe fornece a ciência; impondo-se-lhe, ademais, para atingir o seu desiderato, condições cuja utilidade sua razão contesta, ele tudo rejeita; o materialismo e o panteísmo parecem-lhe mais racionais, porque com eles ao menos se raciocina e se discute, falsamente embora. E há razão, porque antes raciocinar em falso do que não fazê-lo absolutamente.

Apresente-se-lhe, porém, um futuro condicionalmente lógico, digno em tudo da grandeza, da justiça e da infinita bondade de Deus, e ele repudiará o materialismo e o panteísmo, cujo vácuo sente em seu íntimo, e que aceitará à falta de melhor crença.

O Espiritismo oferece melhores perspectivas – eis por que é acolhido pressurosamente por todos os atormentados da dúvida, os que não encontram nas crenças nem nas filosofias vulgares o que procuram. O Espiritismo tem por si a lógica do raciocínio e a sanção dos fatos, e é por isso que inutilmente o têm combatido.

A unificação feita relativamente à sorte futura das almas será o primeiro ponto de contacto dos diversos cultos, um passo imenso para a tolerância religiosa em primeiro lugar e, mais tarde, para a completa fusão".

O Espiritismo logrou o que estava faltando: a aliança entre a ciência e a religião.

Segundo ainda *"o Bom Senso Encarnado"*[72], "(...) a ciência e a religião são as duas alavancas da inteligência humana: uma revela as leis do mundo material e a outra as do mundo moral. Tendo, no entanto, essas leis o mesmo princípio, que é Deus, não podem contradizer-se, vez que se tal acontecesse, uma estaria com a verdade e a outra em erro. A incompatibilidade que se julgou existir entre essas duas ordens de ideias provém apenas de uma observação defeituosa e de excesso de exclusivismo, de um lado e de outro. Daí um conflito que deu origem à incredulidade e à intolerância.

É toda uma revolução que neste momento se opera e trabalha os espíritos. Após uma elaboração que durou mais de dezoito séculos, chega ela à sua plena realização e vai marcar uma nova era na vida da Humanidade".

---

72 - KARDEC, Allan. O Evangelho Seg. o Espiritismo. 129. ed. Rio [de Janeiro]: FEB, 2009, cap. I, item 8.

21
AFORMOSEAMENTO MORAL

A dor cava ousadamente nas profundezas da consciência

"Concentra-te e faze como o escultor faz à obra que quer aformosear: Tira o supérfluo, aclara o obscuro, difunde a luz por tudo e não largues o cinzel."
Michelângelo.

Afirma Léon Denis[73]: "É necessário sofrer para adquirir e conquistar. Os atos de sacrifício aumentam as radiações psíquicas. Há como que uma esteira luminosa que segue, no Espaço, os Espíritos dos heróis e dos mártires.

Aqueles que não sofreram, mal podem compreender estas coisas, porque neles, só a superfície do ser está arroteada, valorizada. Há falta de largueza em seus corações, de efusão em seus sentimentos; seu pensamento abrange apenas acanhados horizontes. São necessários os infortúnios e as angústias para dar à Alma seu aveludado, sua beleza moral, para despertar seus sentidos adormecidos. A vida dolorosa é o alambique onde se destilam os seres para os mundos melhores. A forma, como o coração, tudo se embeleza por ter sofrido. Há, já nesta vida, um "não sei quê" de grave e enternecido nos rostos que as lágrimas sulcaram muitas vezes. Tomam uma expressão de beleza austera, uma espécie de majestade que impressiona e seduz.

(...) Nossa Alma é nossa obra, com efeito, obra capital e fecunda, que sobrepuja em grandeza todas as manifestações parciais da Arte, da Ciência e do gênio.

Todavia, as dificuldades da execução são correlativas ao esplendor do objetivo e, diante da penosa tarefa de reforma interior, do combate incessante travado com as paixões, com a matéria, quantas vezes o artista não desanima? Quantas vezes não abando-

73 - DENIS, Léon. O Problema do Ser, do Destino e da Dor. 23. ed. Rio: FEB, 2000, 3ª parte, cap. 26.

na o cinzel? É então que Deus lhe envia um auxílio: a dor!... Ela cava ousadamente nas profundezas da consciência a que o trabalhador hesitante e inábil não podia ou não sabia chegar; desobstrui-lhe os recessos, modela-lhe os contornos; elimina ou destrói o que era inútil ou ruim e, do mármore frio, informe, sem beleza, da estátua feia e grosseira, que nossas mãos mal tinham esboçado, faz surgir com o tempo a estátua viva, a obra-prima incomparável, as formas harmoniosas da Divina Psique.

A dor não fere somente os culpados. Em nosso mundo, o homem honrado sofre tanto quanto o mau, o que é explicável. Em primeiro lugar, a Alma virtuosa é mais sensível por ser mais adiantado o seu grau de evolução; depois, estima muitas vezes e procura a dor, por lhe conhecer todo o seu valor.

Há dessas Almas que só vêm a este mundo para dar o exemplo da grandeza no sofrimento; são, por sua vez, missionários e sua missão não é menos bela e comovedora que a dos grandes reveladores. Encontram-se em todos os tempos e ocupam todos os planos da vida; estão em pé nos cimos resplandecentes da História, e para encontrá-las, é preciso ir procurá-las no meio da multidão onde se acham, escondidas e humildes.

Admiramos o Cristo, Sócrates, Antígono, Joana d`Arc; mas, quantas vítimas obscuras do dever ou do amor caem todos os dias e ficam sepultadas no silêncio do esquecimento! Entretanto, não são perdidos seus exemplos. Eles iluminam toda a vida dos poucos homens que os presenciaram.

Para que uma vida seja completa e fecunda, não é necessário que nela superabundem os grandes atos de sacrifício, nem que a remate u`a morte que a sagre aos olhos de todos. Tal existência, aparentemente apagada e triste, indistinta e despercebida, é, na realidade, um esforço contínuo, uma luta de todos os instantes contra a desgraça e o sofrimento. Não somos juizes de tudo o que se passa no recôndito das Almas; muitas, por pudor, escondem as chagas dolorosas, males cruéis, que as tornariam tão interessantes aos nossos olhos como os mais célebres mártires. Fá-las também grandes e heróicas, a essas Almas, o combate ininterrupto que pelejam contra o destino! Seus triunfos ficam ignorados, mas todos os tesouros de energia, de paixão generosa, de paciência ou amor, que elas acumulam nesse esforço de cada dia, constituir-lhes-ão um cabedal de força, de beleza moral, que pode, no Além, fazê-las iguais às mais nobres figuras da História.

Na oficina augusta, onde se forjam as Almas, não são suficientes o gênio e a glória para fazê-las verdadeiramente famosas. Para dar-lhes o último traço sublime tem sido sempre necessária a dor. Se certas existências se tornaram, de obscuras que eram, tão santas e sagradas como dedicações célebres, é que nelas foi contínuo o sofrimento. Não foi somente uma vez em tal circunstância ou na hora da morte, que a dor as elevou acima de si mesmas e as apresentou à admiração dos séculos; foi por toda a sua vida de ter sido uma imolação constante. E esta obra de longo aperfeiçoamento, este lento desfilar das horas dolorosas, esta afinação misteriosa dos seres que se preparam, assim, para as derradeiras ascensões, força a admiração dos próprios Espíritos. É esse espetáculo comovedor que lhes inspira a vontade de renascerem entre nós, a fim de sofrerem e morrerem outra vez por tudo o que é grande, por tudo o que amam e para, com esse novo sacrifício, tornarem mais vivo o próprio brilho".

Explica Kardec[74]: *"Reconhece-se o verdadeiro Espírita pela sua transformação moral e pelos esforços que emprega para domar as suas inclinações más"*.

Lemos em Lucas[75]: *"Há mais alegria no Céu por um pecador que se arrepende do que por noventa e nove justos que permanecem puros"*. Isto porque a evolução do Espírito, seu aprimoramento, seu aformoseamento moral, é, enfim, sinal de progresso... O Espírito sinalizando sua boa vontade em acertar, provoca imediatamente inenarráveis alegrias naqueles que já venceram as etapas inferiores do processo evolutivo. A perfeição, é, portanto, a meta, tal como assinalou Jesus ao conclamar[76]: *"Sede vós pois perfeitos, como é perfeito o vosso Pai que está nos Céus"*.

Segundo o Mestre Lionês[77], "(...) a Humanidade está, ainda, em pleno trabalho de gestação do seu progresso moral. Aí residirá

---

74 - KARDEC, Allan. O Evangelho Seg. o Espiritismo. 121.ed.Rio [de Janeiro]: FEB, 2003, cap. XVII, item 4.

75 - Lc. 15:17.

76 - Mt. 5:48.

77 - KARDEC, Allan. A Gênese. 43.ed.Rio [de Janeiro]: FEB, 2003 cap. IX, item 14.

a causa das suas maiores comoções. Até que o homem se haja avantajado suficientemente em perfeição, pela inteligência e pela observância das Leis Divinas, as maiores perturbações ainda serão causadas por ele mais do que pela Natureza, isto é, serão perturbações antes morais do que físicas".

Continua o nobre Codificador do Espiritismo[78]: "(...) Para que cada qual trabalhe na sua purificação, reprima as más tendências e domine as paixões, preciso se faz que abdique das vantagens imediatas em prol do futuro, visto que, para identificar-se com a vida espiritual, encaminhando para ela todas as aspirações e preferindo-a à vida terrena, não basta crer, mas compreender. Devemos considerar essa vida debaixo de um ponto de vista que satisfaça ao mesmo tempo à razão, à lógica, ao bom senso e ao conceito em que temos a grandeza, a bondade e a justiça de Deus. Considerado deste ponto de vista, *o Espiritismo, pela fé inabalável que proporciona, é, de quantas doutrinas filosóficas que conhecemos, a que exerce mais poderosa influência.*

O Espírita sério não se limita a crer, porque compreende, e compreende porque raciocina; a vida futura é uma realidade que se desenrola incessantemente a seus olhos; uma realidade que ele toca e vê, por assim dizer, a cada passo e de modo que a dúvida não pode empolgá-lo, ou ter guarida em sua Alma. A vida corporal, tão limitada, amesquinha-se diante da vida espiritual, da verdadeira vida... Que lhe importam os incidentes da jornada se ele compreende a causa e utilidade das vicissitudes humanas, quando suportadas com resignação? A Alma eleva-se-lhe nas relações com o Mundo Invisível; os laços fluídicos que o ligam à matéria enfraquecem-se, operando-se por antecipação de um desprendimento parcial que facilita a passagem para a outra vida. A perturbação consequente à transição pouco perdura, porque, uma vez franqueado o passo, para logo se reconhece, nada estranhando, antes compreendendo a sua nova situação. Mas, com certeza não é só o Espiritismo que nos assegura tão auspicioso resultado, nem ele tem a pretensão de ser o meio exclusivo, a garantia única de salvação para as Almas. Força é confessar, porém, que pelos conhecimentos que faculta, pelos sentimentos que inspira, como pelas disposições

78 - KARDEC, Allan.O Céu e o Inferno. 51.ed.Rio de Janeiro: FEB, 2003, cap. I, itens 14 e 15 da 2ª. parte.

em que coloca o Espírito, fazendo-lhe compreender a necessidade de melhorar-se, facilita enormemente a emancipação espiritual".

Acompanhemos novamente, para completar o quadro de nosso raciocínio, as oportunas ilações do ilustre conterrâneo de Kardec, Léon Denis, registradas no capítulo XIII da 2ª parte da singular obra *O Problema do Ser do Destino e da Dor*: "(...) Renascer não é mais extraordinário que nascer; a Alma volta à carne para nela submeter-se às leis da necessidade; as precisões e as lutas da vida material são outros tantos incentivos que a obrigam a trabalhar, aumentam a sua energia, avigoram-lhe o caráter. Tais resultados não poderiam ser obtidos na vida livre do Espaço por Espíritos juvenis, cuja vontade é vacilante... Para avançarem, torna-se preciso o látego da necessidade e as numerosas encarnações, durante as quais a Alma vai encontrar-se, recolher-se em si mesma, adquirir elasticidade, a impulsão indispensável para descrever mais tarde a sua imensa trajetória no Céu... A finalidade das encarnações é, pois, de alguma sorte, a revelação da Alma a si mesma ou, antes, a sua própria valorização pelo desenvolvimento constante das suas forças, dos seus conhecimentos, da sua consciência...

(...) Antes de novamente entrar em contato com a matéria e começar a nova carreira, o Espírito tem de escolher o meio onde vai renascer para a vida terrestre; mas, essa escolha é limitada, circunscrita, determinada por causas múltiplas. Os antecedentes do ser, suas dívidas morais, suas afeições, seus méritos e deméritos, o papel que está apto para desempenhar, todos esses elementos intervêm na orientação da vida em preparo; daí a preferência por uma raça, tal nação, tal família... As Almas terrestres que havemos amado atraem-nos; os laços do passado reatam-se em filiações, alianças, amizades novas. Os próprios lugares exercem sobre nós a sua misteriosa sedução e é raro que o destino não nos reconduza muitas vezes às regiões onde já vivemos, amamos e sofremos. Os ódios são forças também que nos aproximam dos nossos inimigos de outrora para apagarmos, com melhores relações, as inimizades antigas. Assim, tornamos a encontrar em nosso caminho a maior parte daqueles que constituíram nossa alegria ou fizeram nossos tormentos.

Sucede o mesmo com a adoção de uma classe social, com as condições de ambiente e educação, com os privilégios da fortuna ou da saúde, com as misérias da pobreza. Todas essas causas tão variadas, tão complexas, vão combinar-se para assegurar ao novo encarnado as satisfações, as vantagens ou as provações que convém ao seu grau de evolução, aos seus méritos ou às suas faltas e às dívidas contraídas por ele.

Todavia, o interessado tem sempre a liberdade de aceitar ou procrastinar a hora das reparações inelutáveis. No momento de se ligar a um gérmen humano, quando a Alma possui ainda toda a sua lucidez, o seu Guia desenrola diante dela o panorama da existência que a espera; mostra-lhe os obstáculos e os males de que será eriçada, faz-lhe compreender a utilidade desses obstáculos e desses males para desenvolver-lhe as virtudes ou expurgá-la dos seus vícios. Se a prova lhe parecer demasiado rude, se não se sentir suficientemente armado para afrontá-la, é lícito ao Espírito diferir-lhe a data e procurar uma vida transitória que lhe aumente as forças materiais e a vontade.

(...) Na hora das resoluções supremas, antes de tornar a descer à carne, o Espírito percebe, atinge o sentido geral da vida que vai começar, ela lhe aparece nas suas linhas principais, nos seus fatos culminantes, modificáveis sempre, entretanto, por sua ação pessoal e pelo uso do seu livre-arbítrio; porque a Alma é senhora dos seus atos; mas, desde que ela decidiu, desde que o laço se dá e a incorporação se debuxa, tudo se apaga, esvai-se tudo. A existência vai desenrolar-se com todas as suas consequências previstas, aceitas, desejadas, sem que nenhuma intuição do futuro subsista na consciência normal do ser encarnado. O esquecimento é necessário durante a vida material. O conhecimento antecipado dos males ou das catástrofes que nos esperam paralisaria os nossos esforços, sustaria a nossa marcha.

Artífice de seu próprio destino, a Alma tem de sujeitar-se ao estado de coisas que escolheu. Todavia, depois de haver feito de sua consciência um antro tenebroso, um covil do mal, terá de transformá-lo em templo de luz... As faltas acumuladas farão nascer sofrimentos mais vivos; suceder-se-ão mais penosas, mais dolorosas encarnações; o círculo de ferro apertar-se-á até que a Alma, triturada pela engrenagem das causas e dos efeitos que houver criado, compreenderá a necessidade de reagir contra suas tendências, vencer suas paixões ruins e de mudar de caminho. Desde esse momento, por pouco que o arrependimento a sensibilize, sentirá nascer em si forças, impulsões novas que a levarão para meios mais adequados à sua obra de reparação, de renovação, e passo a passo irá fazendo progressos. Raios e eflúvios penetrarão na Alma arrependida e enternecida, aspirações desconhecidas, necessi-dades de ação útil e de dedicação hão de despertar nela. A lei de atração, que a impelia para as últimas camadas sociais, reverterá em seu benefício e tornar-se-á o instrumento da sua regeneração.

Entretanto, não será sem custo que ela se levantará, a ascensão não prosseguirá sem dificuldades. As faltas e os erros cometidos repercutem como causas de obstrução nas vias futuras e o esforço terá de ser tanto mais enérgico e prolongado quanto mais pesadas forem as responsabilidades, quanto mais extenso tiver sido o período da resistência e obstinação no mal. Na escabrosa e íngreme subida, o passado dominará por muito tempo o presente e o peso fará vergar mais de uma vez os ombros do caminhante; mas, do Alto, mãos piedosas estender-se-ão para ele e ajudá-lo-ão a transpor as passagens mais escarpadas.

Por reconhecer a imensa dificuldade de que está inçada a emancipação espiritual é que Jesus afirmou[79]: *'Há mais alegria nos Céus por um pecador que se arrepende do que por cem justos que perseveram'*."

O nosso futuro está em nossas mãos e as nossas facilidades para o bem aumentam na razão direta dos esforços para o praticarmos, daí também Jesus afirmar[80] que *'dar-se-á ao que já tem e este ficará na abundância'*.

Toda vida nobre e pura e toda missão superior são o corolário de um passado de lutas acerbas, de derrotas sofridas, de infindáveis recomeços, de vitórias ganhas contra nós mesmos; é o remate de trabalhos longos e pacientes, a acumulação de frutos de Ciência e Caridade colhidos, um por um, no decurso das Idades. Cada faculdade brilhante, cada virtude sólida, reclamou existências multíplices de trabalho obscuro, de combates violentos entre o Espírito e a carne, a paixão e o dever... Para chegar ao talento,

79 - Lucas, 15:7.

80 - Mateus, 13:12.

ao gênio, o pensamento teve de amadurecer lentamente através dos séculos".

Segundo o ensinamento de Léon Denis[81], a cada vez que o Espírito desencarna, retornando ao Mundo Espiritual, *"(...) procede-se ao balanço dos lucros e perdas; avaliam-se e firmam-se os progressos. O ser examina-se e julga-se; perscruta minuciosamente a sua história recente, em si mesmo escrita; passa em revista os frutos de experiência e sabedoria que a sua última vida lhe proporcionou, para mais profundamente assinalar-lhes a substância.*

A vida do espaço é, para o Espírito que evoluiu, o período de exame, de recolhimento, em que as faculdades, depois de se terem gasto no exterior, refletem-se, aplicam-se ao estudo íntimo, ao interrogatório da consciência, ao inventário rigoroso da beleza ou fealdade que há na Alma. A vida do espaço é a forma necessária e simétrica da vida terrestre, vida de equilíbrio, em que as forças se reconstituem, em que as energias se retemperam, em que os entusiasmos se reanimam, em que o ser se prepara para as futuras tarefas".

Ainda segundo Denis, na obra citada, por meio de experiências de regressão de memória com vários indivíduos, concluiu o Coronel A. de Rochas que a palingenesia favorece o processo evolutivo dos Espíritos. À medida que regredia às várias encarnações anteriores, ele observava o espetáculo de *"(...) uma série de individualidades cada vez menos adiantadas moralmente, à medida que remontava o curso das Idades. Em cada existência expiava-se, por uma espécie de "pena de talião", as faltas da existência precedente e o tempo que separava duas encarnações passava-se num meio mais ou menos luminoso, segundo o estado de adiantamento do indivíduo".*

Lembra ainda Denis, na obra citada, que "(...) essas experiências levam a sancionar e ratificar o ensinamento espírita sobre a necessidade da reencarnação para o aformoseamento moral das criaturas, dando ênfase ao processo histórico do progresso do Espírito que só é admissível por esse meio, vez que em apenas uma encarnação o Espírito não atinge o nível de perfeição que o isenta dos ciclos reencarnatórios".

---

81 - DENIS, Léon. O Problema do Ser, do Destino e da Dor. 23.ed.Rio [de Janeiro]: FEB, 2000, cap. XIII, 2ª. Parte.

Já Sócrates, dois milênios antes da Codificação Espírita, possuía a noção do princípio da reencarnação como meio de evolução dos Espíritos[82]: *"A Alma impura, nesse estado, se encontra oprimida e se vê de novo arrastada para o Mundo Invisível, pelo horror do que é invisível e imaterial. Erra, diz-se, em torno dos monumentos e túmulos, junto aos quais já se têm almas que deixaram o corpo sem estarem ainda inteiramente puras, que ainda conservam alguma coisa de material, o que faz que a vista humana possa percebê-las.*

Não são as Almas dos bons; são, porém, as dos maus, que se veem forçadas a vagar por esses lugares, onde continuam a vagar até que os apetites inerentes à forma material de que se revestiram reconduzam-nas a um corpo. Então, sem dúvida, retomam os mesmos costumes que durante a primeira vida constituíam objeto de suas predileções".

Vê-se que Sócrates já identificava o que mais tarde o Espiritismo chamou de Perispírito densificado pela matéria grosseira.

Completa Allan Kardec[82]: *"Não somente o princípio da reencarnação se acha aí claramente expresso, mas também o estado das Almas que se mantêm sob o jugo da matéria é descrito qual o mostra o Espiritismo nas evocações. Mais ainda: No tópico acima se diz que a reencarnação num corpo material é conse*quência da impureza da Alma, enquanto as Almas purificadas se encontram isentas de reencarnar. Ou*tra coisa não diz o Espiritismo!"*

Nos itens VI e VII de sua profissão de fé do século XX, Léon Denis afirma: *"O destino da Alma em sua evolução é atingir e realizar em si e em volta de si, através dos tempos e das estações ascendentes do Universo, pelo desabrochar das potências que possui em gérmen, essa noção eterna do Belo e do Bem, que exprime a ideia de Deus, a própria ideia da perfeição.*

Da lei da ascensão, bem entendida, deriva a explicação de todos os problemas do ser: A evolução da Alma que recebe, primeiramente, pela transmissão atávica, todas as suas qualidades ancestrais, depois as devolve por sua ação própria, para lhes acrescentar novas qualidades; a liberdade relativa do ser relativo no Ser Absoluto; a formação lenta da consciência humana através

82 - KARDEC, Allan. O Evangelho Seg. o Espiritismo. 129.ed. Rio [de Janeiro]: FEB, 2009, Introdução, tomo IV.

dos séculos e seus desenvolvimentos sucessivos nos infinitos do porvir; a unidade de essência e a solidariedade eterna das Almas, em marcha para a conquista dos Altos Cimos".

O Dr. Alexandre Papaderos, teólogo e educador, narra-nos sua interessante experiência: *"(...) Eu ainda era criança quando rebentou a guerra. Um dia, no meio da estrada, encontrei pedaços de um espelho partido e guardei comigo o maior. Comecei então a brincar com ele e fiquei fascinado ao descobrir que podia fazer refletir luz nos locais escuros onde o Sol nunca brilhava – buracos fundos, fendas, espaços sombrios... Guardei para sempre o pequeno espelho e, ao tornar-me adulto, percebi que não se tratava apenas de uma brincadeira de criança, mas sim de uma metáfora que iria servir de lema para toda a vida: sou um fragmento de um espelho, cujo todo desconheço. Com aquilo que tenho, posso refletir luz, verdade, compreensão, conhecimentos, para os locais escuros do coração do homem e modificar certas coisas em determinadas pessoas. Talvez outros indivíduos possam ver e fazer como eu".*

Escrevendo aos Tessalonicenses, afiançou Paulo de forma clara e insofismável[83]: *"Porque todos vós sois Filhos da Luz e Filhos do Dia; não somos da noite nem das trevas."*

E o Amigo Celeste diz:[84] *"Vós sois a Luz do Mundo! Assim, resplandeça a vossa luz diante dos homens!"*

Entendemos, assim, por que Marcelo Ribeiro disse[85]: "(...) O desdém ao estudo e à reflexão do Evangelho do Cristo, não devidamente cultivados, faz-se responsável pela queda espetacular do homem atual..."

83 - I Tessalonicenses., 5:5.

84 - Mateus, 5:14 e 16.

85 - FRANCO, Divaldo. Terapêutica de emergência. 5. ed.Salvador: LEAL, 2003, cap. 53, p.220. § 6º.

22
ALEGRIAS TRISTES

A verdadeira alegria não se transforma em tristeza no futuro

"Sofre hoje o que te falta, adquirindo a paz para amanhã, ao invés de adquirir estranha conquista para agora, que te amargará os dias do porvir."
Joanna de Ângelis[86]

Por paradoxal que possa parecer à primeira vista, existem, na realidade, alegrias-tristes... Ajaezadas pelas guirlandas das ilusões e ouropéis, costumam essas *"alegrias"* ergastular-nos em calvários de dores inenarráveis.

André Luiz recomenda o exame cuidadoso de nossas alegrias, pois só é verdadeira aquela que também continua sendo alegria mais tarde. Delfina de Girardin, em mensagem exarada no terceiro livro da Codificação, declara[87]: *"Infelicidade é a alegria, é o prazer, é o tumulto, é a vã agitação, é a satisfação louca da vaidade, que fazem calar a consciência, que comprimem a ação do pensamento, que atordoam o homem com relação ao seu futuro.*

Esperai, vós que chorais! Tremei, vós que rides, pois que o vosso corpo está satisfeito! As provações, credoras impiedosas vos espreitam o repouso ilusório, para vos imergir de súbito na agonia verdadeira da infelicidade, daquela que surpreende a Alma amolentada pela indiferença e pelo egoísmo."

Conta-nos Erasto[88], discípulo de Paulo, que Santo Agostinho, *"(...) quando entregue aos maiores excessos, sentiu em sua alma aquela singular vibração que o fez voltar a si e compreender que a felicidade estava alhures que não nos prazeres enervantes e fugitivos; tornando-se, desde então, um dos mais fortes sustentáculos do Evangelho"*.

86 - FRANCO, Divaldo. Vigilância. 2. ed.2002, Salvador: LEAL, cap. 17.

87 - KARDEC, Allan. O Evangelho Seg. o Espiritismo. 121. ed. Rio de Janeiro: FEB, 2003, cap. V, item 24.

88 - KARDEC, Allan. O Evangelho Seg. o Espiritismo. 121. ed. Rio de Janeiro: 2003, cap. I, item 11.

Conclui o Mestre Lionês[89]: "A Humanidade, tanto quanto as estrelas do firmamento, perde-se na imensidade... Grandes e pequenos estão confundidos, como formigas sobre um montículo de terra! Proletários e potentados são da mesma estatura, e é lamentável que criaturas efêmeras a tantas canseiras se entreguem para conquistar um lugar que tão pouco as elevará e que por tão pouco tempo conservarão.

Daí se segue que a importância dada aos bens terrenos está sempre em razão inversa da fé na vida futura."

89 - Idem ibidem, cap. II, item 5.

23
COMO NASCEU O DIABO

O diabo foi morto e sepultado pelo conhecimento espírita

"(...) Acreditar que Deus haja criado um ser eternamente votado ao mal, sabotador contumaz de Sua obra, é atitude ingênua que tange às raias da mais sórdida blasfêmia".

François C. Liran

Satã, Demo, Belzebu, Coisa Ruim, Lúcifer, o Bicho, Pé-Rachado, Capeta, Belfegor – são algumas das denominações pelas quais se notabilizou o diabo; esta última foi cunhada por Jean Weier, que imprevidentes autoridades da Igreja permitiram se espalhasse nos círculos católicos para nomear os titulares antípodas do Bem, dando-lhes (pasmem!) *status* de rivais de Deus. Até mesmo Goethe, para o seu Fausto, aumentou as já abundantes denominações para o indigitado Senhor das Trevas, chamando-o Mefistófeles, senhor dos vândalos e perversos...

Ser temível engendrado por mentes adoecidas e encharcadas pelos interesses subalternos, lenda viva e verdadeiro anti-herói, cuja figura se conserva até hoje no imaginário cristão, tal criatura malfazeja tem sido excelente auxiliar das religiões medievais e contemporâneas que necessitam desse tipo de terrorismo para que sejam aquietadas suas ingênuas ovelhas nos estreitos e áridos apriscos dogmáticos. Tal terrorismo adquire contornos dramáticos quando, extrapolando as fronteiras do mundo físico, invade o Mundo Espiritual. Nele, por meio de ideoplastias, as criaturas desencarnadas ainda ligadas aos clichês mentais criados e nutridos por elas mesmas acabam ficando frente a frente com essa demoníaca entidade – na verdade a fantasia de algum Espírito mau que dessa forma se mostra para aterrorizar sua indefesa e crédula vítima[90].

90 - XAVIER, F. Cândido. Pelo Espírito André Luiz. Ação e Reação. 5.ed. Rio [de Janeiro]: FEB, 1976, cap. 4.

As mesmas instruções eclesiásticas que mandaram queimar livros espíritas na fogueira aprovaram (coerentemente) o livro de autoria de Collin de Plancy, que traz a descrição minuciosa de diversos demônios.

Silas[90] explica que as ideias macabras da magia aviltante referem-se à bruxaria e ao demonismo, propagados pelas igrejas denominadas cristãs a pretexto de combatê-los, mantendo crendices e superstições ao preço de conjurações e exorcismos. Tais ideias geram os clichês mentais demoníacos nos desencarnados de cérebros fracos e desprevenidos que acoroçoam tais absurdos, estabelecendo epidemias de pavor alucinatório. Por outro lado, as inteligências desencarnadas entregues à perversão valem-se desses quadros mal contornados que a literatura fetichista ou a pregação invigilante distribuem na Terra a mancheias, imprimindo-lhes temporária vitalidade assim como um artista do lápis se aproveita dos debuxos de uma criança, tomando-os por base nos desenhos seguros com que passa a impressionar o ânimo infantil.

Torna-se, portanto, evidente e fácil de *"reconhecer que cada coração edifica o inferno em que se aprisiona, de acordo com as próprias obras. Destarte, temos conosco os diabos que desejamos, segundo o figurino escolhido ou modelado por nós mesmos"*, conclui o Benfeitor Espiritual Silas.

Ora, se Deus é a Infinita Bondade, (e disso não podemos duvidar), como a partir d`Ele, o Sumo Bem, poderia ter surgido um Ser que Lhe fosse a antítese? Tal é a polêmica surgida no seio da Igreja Católica na baixa Idade Média. Mas Santo Agostinho (hoje redimido pelo conhecimento espírita) deu, àquele tempo, uma solução que satisfez às *"lúcidas"* cabeças medievais: o livre-arbítrio.

Segundo esse Pai da Igreja, quanto mais próxima uma criatura está de Deus, maior a sua inteligência e sua liberdade de escolha. No uso de tal liberdade até mesmo os Avatares da mais alta hierarquia, criações mais perfeitas do Todo-Poderoso, podem escolher livremente entre o certo e o errado. Assim o diabo outro não é senão o Anjo de Luz (Lúcifer) que fez a escolha errada (!?), levando com ele toda uma coorte de áulicos. Tal teoria agostiniana não prevalece nos dias de hoje quando o Espiritismo vem nos explicar que o Espírito não retrograda[91].

A imaginação de Santo Agostinho (bem entendido o Santo Agostinho encarnado na Idade Média, ainda não iluminado pelas claridades do Espiritismo), vai mais longe: com seu conceito filosófico de LUZ (do *"Fiat Lux"* bíblico), localiza nas claridades do dia o momento inicial da atuação divina. Por contraste, a noite e sua escuridão passam a incorporar as horas demoníacas, o período temporal de maior vigor do mal, originando aí a expressão *"Espírito das Trevas"*.

Essa diabólica figura mitológica, conservada no sal insosso dos dogmas gerados no útero estéril da Igreja, experimentou o auge da sua fama e glória com São Tomás de Aquino – ele a colocou em um pedestal de importância tão marcante que a sua presença na religião acaba rivalizando e, não raro, superando a presença de Deus, criando, então, um clima de terror. Em uma pregação de menos de vinte minutos, determinados líderes (cegos guiando cegos) religiosos mencionam a palavra *"diabo"* não poucas dezenas de vezes, ficando bastante esmaecida ou totalmente nula as figuras de Deus e de Jesus.

Necessário se faz voltar séculos no tempo para podermos assistir ao nascimento do diabo, porque já no tempo de Jesus, segundo apontamento feito por Marcos, o Meigo Rabi foi acoimado de parceria com ele[92]: *"(...) Pelo príncipe dos demônios expulsa os demônios"*.

O diabo é o anti-herói criado com a finalidade de amedrontar o povo ignaro para tê-lo submisso aos dogmas absurdos, mantendo o *status* da casta sacerdotal e garantindo a continuidade de seu parasitismo ancestral. A palavra demônio, de *"daimon"*, originária da Grécia clássica, não possuía a conotação atual de gênio das trevas. Lembra-nos o Mestre Lionês[93] que este verbete não era tomado à má parte na antiguidade tal como o temos conhecido nos tempos contemporâneos, uma vez que não designava exclusivamente seres malfazejos, mas todos os Espíritos em geral. Dentre

91 - KARDEC, Allan. O Livro dos Espíritos. 88.ed. Rio [de Janeiro]: FEB, 2006, q. 118.

92 - Mc., 3:22.

93 - KARDEC, Allan. O Evangelho Seg. o Espiritismo. 129.ed. Rio [de Janeiro]: FEB, 2009, introdução, IV-VI.

estes destacavam-se os Espíritos Superiores, chamados deuses, e os menos elevados, ou demônios propriamente ditos, que se comunicavam diretamente com os homens.

Sócrates dizia ser íntimo de um *daimon*, com quem aprendia altos conceitos filosóficos, e afirmava que, após a morte, o *daimon* (entenda-se Espírito protetor) que nos fora designado durante a vida levar-nos-ia a um lugar onde se reúnem todos os que têm de ser conduzidos ao Hades para serem julgados.

O Mestre Lionês teve o zelo de estudar este tema à exaustão nos capítulos IX e X do livro básico, *O Céu e o Inferno*. Nele, com sua habitual, contundente e insofismável lógica, conclui que a crença na existência de tal Ser resultaria no seguinte trágico e inadmissível corolário: Deus enganou-Se; logo, só podemos com a Igreja absurdamente concluir: Deus não é infalível (!?).

Com o escopo de seu raciocínio lógico, Kardec leva-nos à raiz do berçário do diabo ao levantar a velha questão do Bem e do Mal:[94] "Provada e patente a luta entre o bem e o mal, triunfante este muitas vezes sobre aquele, e não se podendo racionalmente admitir que o mal derivasse de um benéfico poder, concluiu-se pela existência de dois poderes rivais no governo do mundo. Daí nasceu a doutrina dos dois princípios, aliás lógica numa época em que o homem se encontrava incapaz de, raciocinando, penetrar a essência do Ser Supremo.

Como compreenderia, então, que o mal não passa de estado transitório do qual pode emanar o bem, conduzindo-o à felicidade pelo sofrimento e auxiliando-lhe o progresso? Os limites do seu horizonte moral, nada lhe permitindo ver para além do seu presente, no passado como no futuro, também não lhe permitia compreender que já houvesse progredido, que progrediria ainda individualmente, e muito menos que as vicissitudes da vida resultavam das imperfeições do ser espiritual nele residente, o qual preexiste e sobrevive ao corpo, na dependência de uma série de existências purificadoras até atingir a perfeição.

Para compreender como do mal pode resultar o bem é preciso considerar não uma, porém, muitas existências; é necessário apreender o conjunto do qual – e só do qual – resultam nítidas as causas e respectivos efeitos.

---

94 - KARDEC, Allan. O Céu e o Inferno. 51.ed. Rio [de Janeiro]: FEB, 2003, 1ª parte, cap. IX, itens 4 a 6.

O duplo princípio do bem e do mal foi, durante muitos séculos, e sob vários nomes, a base de todas as crenças religiosas. Vemo-lo assim sintetizado em Oromase e Arimane entre os persas, e em Jeová e Satã entre os hebreus. Todavia, como todo soberano deve ter ministros, as religiões geralmente admitiram potências secundárias, ou bons e maus gênios. Os pagãos fizeram deles individualidades com a denominação genérica de deuses e deram-lhes atribuições especiais para o bem e para o mal, para os vícios e para as virtudes. Os cristãos e os muçulmanos herdaram dos hebreus os anjos e os demônios. Conclui-se facilmente, portanto, que a doutrina dos demônios tem origem na antiga crença dos dois princípios: o Bem e o Mal".

Por outro lado, o fato que permitiu a gênese de doutrina tão absurda foi a total ignorância que então existia acerca dos verdadeiros atributos de Deus: **Único, Eterno, Imutável, Imaterial, Onipotente, Soberanamente Justo e Bom, Infinito em todas as Perfeições.** Tal é o eixo em torno do qual – necessariamente – precisa girar todo e qualquer conceito filosófico ou doutrinário que queira alinhar-se com a verdade e com a lógica.

Em um périplo pela história das civilizações antigas com o historiador Carlos Roberto F. Nogueira, com base em seu livro: *"O Diabo no Imaginário Cristão"*, EDUSC, acompanhado por Sávio Laterce (mestrando em Filosofia pela IFCS-UFRJ), em sua reportagem publicada no Jornal do Brasil, edição de 30.06.2001, podemos observar a eterna e interminável luta do Mal contra o Bem, com seus respectivos exércitos e armas de combate, bem como a nítida característica anfibológica dos deuses, vez que entre os antigos povos orientais certas divindades já incorporavam potências destruidoras, negativas, e – invariavelmente – portavam a especificidade típica da lógica do mito que os marcava: a ambiguidade. Assim, Baal era, ao mesmo tempo, o deus mesopotâmio do furacão e da fecundidade. Hermes, por sua vez, representava a divindade grega que protegia os ladrões e também a que guardava os rebanhos. Apolo, o deus grego da beleza, da música e do equilíbrio, tinha a sua faceta obscura associada a rituais de adivinhação, à falta de clareza nas palavras e a punições sumárias.

Até mesmo o Deus hebraico do Velho Testamento segue essa mesma linha: é bom, mas só com aqueles que Lhe são bons ou simpáticos, tendo um forte lado ciumento e vingativo. O motivo para tamanha dicotomia não é difícil de pressentir: os relatos de origem do Universo em diferentes culturas revelam que é preciso unir forças construtivas, organizadoras, com difusos jorros criativos multidirecionados para a realização da tarefa.

A cultura hebraica, cujo legado foi herdado pela religião cristã, banhou-se no caldo cultural jorrado da rica fonte dos primitivos e ancestrais cultos.

"O povo judaico", explica Laterce[95], "ligado por raízes à Mesopotâmia e ao politeísmo, definiu, em torno do século VI a.C., Jahvet como Deus único e mais perfeito que os deuses de outras culturas. Acossados permanentemente por persas, babilônios e mesopotâmios, o exterior e o desconhecido têm para os hebreus o caráter de ameaça. O estrangeiro vira o lugar das divindades de segunda ordem e também o território do adversário, que em hebraico traduz-se como 'satã'. Mas, junto à promessa do além e à ideia dualista de dois mundos – influências de persas e caldeus –, surgem as noções de Céu e Inferno, a divisão mais marcada de bem e mal e também alguns mitos que narram a viagem para um mundo superior, celeste... O Deus é único, mas o mal está disperso em um grupamento de entidades.

Segundo Carlos Roberto Nogueira, a concentração do mal em uma personagem só fica visível no Novo Testamento. Aí satã (substantivo) para a ser Satã (nome próprio). De um **a**dversário vira **A**dversário. O modelo do inimigo de Jesus, aquele que coloca Sua bondade à prova, está composto.

Com a unificação religiosa realizada por Roma no século 4 d.C., o Cristianismo, de seita perseguida (lembremos que Paulo de Tarso até ter sua visão divina no deserto sírio era um soldado romano que caçava cristãos), passa a perseguir: transforma-se no culto oficial e obrigatório de todo Império. Pleno de correntes divergentes em seu começo, ganha cada vez mais o aspecto fechado e generalista do catolicismo (católico = universal). Pagão passa a ser todo o passado e o presente alheio ao Império Romano.

---

95 - Sávio Laterce é mestrando em Filosofia pela IFCS-UFRJ.

Com o crescente poderio latino cristão, temos um caso à parte: a tentativa de extermínio de toda a tradição cultural grega. Algumas manifestações são facilmente visíveis, como os oráculos destruídos e os narizes e braços quebrados das esculturas gregas, tal como o fizeram hodiernamente os líderes religiosos do Afeganistão, destruindo as enormes estátuas representativas do Budismo. Quaisquer formas de cultos paralelos ligados à fecundidade e à Natureza, como as festas rurais sagradas da primavera, passam a ser terminantemente proibidos. Só que a interdição muitas vezes era sem sucesso. Assim, por não conseguir coibir essas práticas da forma como gostaria, o cristianismo usa as armas do inimigo: mantém o Deus único lá em cima, mas produz uma multiplicidade em um nível mais baixo: os santos.

É evidente que os santos de hoje são os sucedâneos dos antigos ídolos pagãos, uma vez que a Igreja não conseguiu erradicar a idolatria. É a velha história: se não se pode com o inimigo, melhor unir-se a ele. Nem mesmo as antigas festas rurais deixaram de acontecer: foram substituídas pelas festas urbanas que sobrevivem até hoje. Basta ver o que acontece ao redor das Igrejas católicas nos meses de maio e junho.

Então, na verdade, o que temos hoje em dia não difere do que os pagãos tinham a seu tempo. Era, de fato, absolutamente, necessário o advento do *'Consolador prometido'* para colocar ordem na Casa Planetária que nos acolhe."

DEMONOLOGIA

"Apesar do destaque crescente que o demônio vai ganhando dentro do Cristianismo, até aí a vitória de Deus sobre o Diabo é considerada incontestável. Este último existe no mundo para ser superado e dar mais glória ao poder absoluto celestial. O quadro só muda em um momento histórico bem posterior com um outro grande teórico da religião cristão: São Tomás de Aquino.

Estamos no século XIII e a Igreja Católica vive o apogeu de seu domínio territorial, político e econômico. Para manter-se assim, precisa demonstrar seu poder com cada vez mais visibilidade – poderíamos mesmo dizer: com atrevida e violenta ostensividade. Nesse contexto, e nessa imperiosa necessidade de a Igreja sustentar seu domínio escravocrata, São Tomás de Aquino potencializa a figura do diabo em uma ordem tal que, a partir das simbologias do folclore popular, inventa uma ciência para combatê-lo: a demonologia. Nesse festival de ignorância os católicos ainda conseguem ser superados pelos ditos Evangélicos (protestantes) onde a *"mise-en-scéne"*[96] dos pastores raia pela violência na tentativa de expulsar o dito cujo do corpo das apavoradas ovelhas de seus dóceis rebanhos.

Destarte, passam a existir regras bem definidas para identificação do personagem do mal, que só poderia ser derrotado com a imprescindível ajuda da fé cristã. Assim, o diabo ganha contornos físicos mais precisos, inclusive com a ajuda de grandes pintores que trabalhavam para a Igreja com exclusividade, não economizando os recursos para colorir com as cores fortes da ignorância os painéis infernais destinados a apavorar".

BODE EXPIATÓRIO

"O hibridismo homem/animal" – continua esclarecendo Laterce[95]–, "forma de os antigos povos orientais representarem o sobrenatural, vai ser a base para compor uma figura essencialmente deformada. Uma presença recorrente são as patas de bode, que era o animal escolhido por muitas culturas pré-cristãs para rituais de sacrifício e louvor aos deuses (daí a expressão bode expiatório).

Além disso, um deus grego particularmente ameaçador para os dogmas do Cristianismo era Dionísio, patrono da dança, da música, do teatro e da embriaguez; ou seja, o desregramento próprio da efervescência caótica da criação artística. E qual é a característica mais marcante na aparência de Dionísio? Suas patas de bode. A presença desses membros inferiores no imaginário popular ajudaria a colocar, de uma só vez, a tradição religiosa grega e oriental em uma íntima conexão com as forças malignas. Destarte, o diabo vira uma obsessão onipresente e vai deixando de ser um indivíduo para se caracterizar como um grupo de combatentes (legião de demônios), e portanto qualquer um, em qualquer lugar, pode estar "possuído", e consequentemente necessitado da ajuda exorcista da Igreja.

---

96 - Colocar-se em cena com atitudes teatrais.

As perseguições da *"Santa"* Inquisição atingiam a todos aqueles que divergiam do padrão pré-determinado de cristão, e que no parecer das atentas autoridades eclesiásticas tinham parte com o "demo". Qualquer rebento filosófico que começasse a florescer e despontar acima do rígido contexto dogmático imposto era presto e impiedosamente ceifado. As acusações que via de regra levavam o condenado à morte constituíam-se nos mais absurdos, banais e arbitrários libelos: uma família foi condenada à fogueira por trocar a roupa de cama numa sexta-feira; ruivos tinham na cor dos cabelos um sinal da relação com o fogo dos infernos; deficientes físicos constituíam, por analogia, deformados espirituais e esquecidos de Deus, portanto, fogueira neles!

No século XIV, um movimento *incensado* pela Igreja para aumentar o seu poderio em direção ao Oriente, as Cruzadas (o desenho da suástica nazista é constituído por duas cruzes superpostas, isto é, "cruzadas" – coincidência?!...), tinha como lema o conceito de Guerra Santa contra o paganismo, e como objetivo a expulsão dos árabes da região onde nasceu e viveu Jesus. A caracterização do diabo adquire novos itens: barbicha e tom de pele escuro, características dos mouros. E assim, nutrido pela placenta da ignorância e dos inconfessáveis interesses subalternos, o diabo vai sendo adereçado até atingir seu *status* atual.

O modelo monárquico absolutista da Idade Média ajudou a compor a ideia do líder de todo o exército demoníaco: Satã é agora o Príncipe das Trevas, o reverso do Cristo, o Anticristo, que um dia reinaria sobre a Terra.

Mas havia ainda mais um motivo importantíssimo, desta vez econômico, que navegava nas correntes subterrâneas desse realce das forças demoníacas: a lucrativa venda das indulgências! Expliquemos: em virtude das guerras e do surgimento da peste, o Apocalipse bíblico parecia estar se concretizando. Conforme os painéis infernais eram pintados do alto dos púlpitos com as tintas fortes do terror, estava criada aí a dependência necessária da qual a Igreja se utilizou fartamente para obter lucro: passagens garantidas para o Céu podiam ser compradas a partir da venda das indulgências para os nobres – a peso de ouro. Aí temos o diabo nomeado ministro da economia da Igreja. Sem ele, não haveria terrorismo e ninguém se interessaria pelo precioso *"passaporte"*.

Porém, como não há situação que dure para sempre, a partir do século XVI, com o avanço da ciência moderna e os novos conceitos filosóficos humanistas, houve um decréscimo da importância da religião na vida cotidiana. Com isso, o diabo também perdeu espaço... Hoje, apesar de nosso mundo cada vez mais racionalista e dessacralizado, ele está presente em rituais de algumas correntes protestantes, em cultos satânicos e no mundo da ficção em um número razoável de filmes de qualidade duvidosa, entre os quais se salvam *O Bebê de Rosemary*, de Roman Polanski, e *O Exorcista*, de William Friendkin.

Finaliza Laterce com sabedoria filosófica: *'(...) A Leitura do Diabo no imaginário cristão leva a pensar que a nossa vontade sempre foi transportar o Mal para um mundo distante de nós, transcendente, só que cada vez mais temos evidências de que ele é mesmo da ordem humana'.*

Na conclusão de *O Livro dos Espíritos*, Paulo de Tarso deixou a seguinte neocarta para todos nós, cristãos da atualidade: 'Gravitar para a unidade divina, eis o fim da Humanidade. Para atingi-lo, três coisas são necessárias: *A Justiça, o Amor e a Ciência.* Três coisas lhe são opostas e contrárias: a ignorância, o ódio e a injustiça. Pois bem! Digo-vos, em verdade, que mentis a estes princípios fundamentais, comprometendo a idéia de Deus, com o lhe exagerardes a severidade. Duplamente a comprometeis, deixando que no Espírito da criatura penetre a suposição de que há nela mais clemência, mais virtude, amor e verdadeira justiça, do que atribuís ao Ser Infinito. Há que se destruir a ideia do inferno, tornando-o ridículo e inadmissível às vossas crenças, como o é aos vossos corações o horrendo espetáculo das execuções, das fogueiras e das torturas da Idade Média.

(...) crede-me: ou vos resignais a deixar que pereçam nas vossas mãos todos os vossos dogmas, de preferência a que se modifiquem, ou, então, vivificai-os, abrindo-os aos benfazejos eflúvios que os Bons, neste momento, derramam neles.

A ideia do inferno, com as suas fornalhas ardentes, com as suas caldeiras a ferver, pôde ser tolerada, isto é, perdoável numa época de ferro; porém, neste século das luzes, não passa de vão fantasma, próprio, quando muito, para amedrontar criancinhas e em que estas, crescendo um pouco, logo deixam de crer. Se persistirdes nessa mitologia aterradora, engendrareis a incredulidade, mãe de toda a desorganização social. Tremo, entrevendo toda uma ordem social abalada e a ruir sobre os seus fundamentos, por falta de sanção penal.

Homens de fé ardente e viva, vanguardeiros do dia da luz, mãos à obra, não para manter fábulas que envelheceram e se desacreditaram, mas para reavivar, revivificar a verdadeira sanção penal, sob formas condizentes com os vossos costumes, os vossos sentimentos e as luzes da vossa época.

(...) Que é o castigo? A consequência natural, derivada do desvio da Lei Divina; uma certa soma de dores necessárias a desgostar o homem da sua deformidade, pela experimentação do sofrimento; o aguilhão que estimula a alma, pela amargura, a se dobrar sobre si mesma e a buscar o porto de salvação. O castigo só tem por fim a reabilitação, a redenção. Querê-lo eterno, por uma falta não eterna, é negar-lhe toda a razão de ser.

Oh! Em verdade vos digo, cessai, cessai de pôr em paralelo, na sua eternidade, o Bem, essência do Criador, com o Mal, essência da criatura. Fora criar uma penalidade injustificável. Afirmai, ao contrário, o abrandamento gradual dos castigos e das penas pelas transgressões e consagrareis a unidade divina, tendo unidos o sentimento e a razão'.

Criado com fins lucrativos e para atender à ânsia de dominação de uma casta parasita, o diabo foi morto e sepultado pelo conhecimento espírita que nos informa de maneira límpida e cristalina não ser crível que nosso Pai Celestial, o Deus de Amor e Bondade, possa criar um ser eternamente votado ao mal, afirmando, por outro lado, que todos os Espíritos são criados simples e ignorantes, sendo os maus simplesmente Espíritos de evolução ainda incipiente, mas, suscetíveis de se elevarem aos mais nobres postos da hierarquia espiritual no decorrer do infinito dos tempos".

24
MULTIPLICAÇÃO DE PÃES E MUDANÇA DE ÁGUA EM VINHO

Entre duas hipóteses, deve-se preferir a mais racional

"(...) A multiplicação de pães [e a transformação de água em vinho] têm que ser consideradas alegorias
Allan Kardec[97]

Materialmente falando, e bem ao contrário do que pensam muitíssimos espíritas egressos do catolicismo, a multiplicação de pães e a transformação da água em vinho podem ter explicação diferente da que lhes é atribuída. Quem pensa que foram fatos acontecidos como está descrito deve meditar a respeito do capítulo XV, itens 47 e 48 do livro básico do Espiritismo do Espiritismo intitulado: *A Gênese.*

Nessa obra extraordinária (muito pouco lida por sinal), Kardec encaminha essas questões com peregrina clareza, conforme veremos a seguir:

"(...) A multiplicação dos pães é um dos milagres que mais têm intrigado os comentadores e alimentado, ao mesmo tempo, as zombarias dos incrédulos... Sem se darem ao trabalho de lhe perscrutar o sentido alegórico, para estes últimos ele não passa de um conto pueril. Entretanto, a maioria das pessoas sérias há visto na narrativa desse fato, embora sob forma diferente da ordinária, uma parábola em que se compara o alimento espiritual da alma ao alimento do corpo.

Pode-se, todavia, perceber nela mais do que uma simples figura e admitir, de certo ponto de vista, a realidade de um fato material, sem que, para isso, seja preciso se recorra ao prodígio. É sabido que uma grande preocupação de Espírito, bem como a atenção fortemente presa a uma coisa fazem esquecer a fome. Ora, os que

97 - KARDEC, Allan. A Gênese. 43.ed.Rio: FEB, 2003, cap. XV, itens 47 e 48.

acompanhavam a Jesus eram criaturas ávidas de ouvi-lO; nada há, pois, de espantar em que, fascinadas pela Sua palavra e também, talvez, pela poderosa ação magnética que Ele exercia sobre os que O cercavam, elas não tenham experimentado a necessidade material de comer.

Prevendo esse resultado Jesus nenhuma dificuldade teve para tranquilizar os discípulos, dizendo-lhes, na linguagem figurada que Lhe era habitual e admitido que realmente houvessem trazido alguns pães, que estes bastariam para matar a fome à multidão. Simultaneamente, ministrava aos referidos discípulos um ensinamento, com o lhes dizer: *'Dai-lhes vós mesmos de comer'*. Ensinava-lhes assim que também eles podiam alimentar por meio da palavra.

Desse modo, a par do sentido moral alegórico, produziu-se um efeito fisiológico, natural e muito conhecido. O prodígio, no caso, está no ascendente da palavra de Jesus, poderosa bastante para cativar a atenção de uma multidão imensa, ao ponto de fazê-la esquecer-se de comer. Esse poder moral comprova a superioridade de Jesus, muito mais do que o fato puramente material da multiplicação dos pães, que *tem de ser considerada como alegoria.* Tal explicação foi ratificada por Jesus nas duas passagens que se seguem:

O FERMENTO DOS FARISEUS

Ora, tendo Seus discípulos passado para o outro lado do mar, esqueceram-se de levar pães. Jesus lhes disse: *'Tende o cuidado de precatar-vos do fermento dos fariseus e dos saduceus.* Eles, porém, pensavam e diziam entre si: 'É porque não trouxemos pães'.

Jesus, conhecendo-lhes os pensamentos, disse: 'Homens de pouca fé, por que haveis de estar cogitando de não terdes trazido pães?! Ainda não compreendeis e não vos lembrais quantos cestos levastes? Como não compreendereis que não é do pão que eu vos falava, quando disse que vos guardásseis do fermento dos fariseus e saduceus?' Eles então compreenderam que Ele não lhes dissera que se preservassem do fermento que se põe no pão, mas da doutrina dos fariseus e dos saduceus".

NO DIA SEGUINTE À *"MULTIPLICAÇÃO"* DOS PÃES

Um dia após a *"multiplicação"* dos pães, perguntaram a Jesus: *"Que milagre operarás que nos faça crer, vendo-o?"*

Ora, se Jesus tivesse, no dia anterior, multiplicado pães materialmente, isso não seria um milagre? Por que então, no dia seguinte estavam eles a Lhe pedir demonstrações de prodígios, se fosse o que Ele houvera feito no dia anterior?

Acompanhemos o raciocínio de Kardec nesse passo[97]:

"(...) Na primeira passagem, lembrando o fato precedentemente operado, Jesus dá claramente a entender que não se tratara de pães materiais, pois, a não ser assim, careceria de objeto a comparação por ele estabelecida com o fermento dos fariseus: *'Ainda não compreendeis'*, diz Ele, *'e não vos recordais de que cinco pães bastaram para cinco mil pessoas e que dois pães bastaram para quatro mil? Como não compreendestes que não era de pão que eu vos falava, quando vos dizia que vos preservásseis do fermento dos fariseus?'*. Esse confronto nenhuma razão de ser teria, na hipótese de uma multiplicação material. O fato fora de si mesmo muito extraordinário para ter impressionado fortemente a imaginação dos discípulos, que, entretanto, pareciam não mais lembrar-se dele.

É também o que não menos claramente ressalta, do que Jesus expendeu sobre o pão do Céu, empenhado em fazer que Seus ouvintes compreendessem o verdadeiro sentido do alimento espiritual. *'Trabalhai'*, diz Ele, *'não por conseguir o alimento que perece, mas pelo que se conserva para a vida eterna e que o Filho do Homem vos dará'*. Esse alimento é a Sua palavra, pão que desceu do Céu e dá vida ao mundo. *'Eu sou'*, declara Ele, *'o pão da vida; aquele que vem a mim não terá fome e aquele que em mim crê nunca terá sede'*. Tais distinções, porém, eram por demais sutis para aquelas naturezas rudes, que somente compreendiam as coisas tangíveis. Para eles, o maná, que alimentara o corpo de seus antepassados, era o verdadeiro pão do Céu; aí é que estava o milagre. Se, portanto, houvesse ocorrido materialmente o fato da multiplicação dos pães, como teria ele impressionado tão fracamente aqueles mesmos homens, a cujo benefício essa multiplicação se operara poucos dias antes, ao ponto de perguntarem a Jesus: *'Que milagre farás para que, vendo-o, te creiamos? Que farás de extraordinário?'* Eles entendiam por milagres os prodígios que os fariseus pediam, isto é, sinais que aparecessem no Céu por ordem de Jesus, como pela varinha de um mágico. Ora, o que Jesus fazia era extremamente simples e não se afastava das leis da Natureza; as próprias curas não revelavam caráter muito singular, nem muito extraordinário. Para eles, os milagres espirituais não apresentavam grande vulto".

BODAS DE CANÁ DA GALILEIA

"(...) Este milagre, referido unicamente no Evangelho de João, é apresentado como o primeiro que Jesus operou e, nessas condições, devera ter sido um dos mais notados. Entretanto, bem fraca impressão parece haver produzido, pois que nenhum outro evangelista dele trata. Fato tão extraordinário era para deixar espantados, no mais alto grau, os convivas e, sobretudo, o dono da casa, os quais, todavia, parece que não o perceberam.

Considerado em si mesmo, pouca importância tem o fato, em comparação com os que, verdadeiramente, atestam as qualidades espirituais de Jesus. Admitido que as coisas hajam ocorrido, conforme foram narradas, é de notar-se seja esse, de tal gênero, o único fenômeno que se tenha produzido. Jesus era de natureza extremamente elevada, para se ater a efeitos puramente materiais, próprios apenas a aguçar a curiosidade da multidão que, então, o teria nivelado a um mágico. Ele sabia que as coisas úteis lhe conquistariam mais simpatias e lhe granjeariam mais adeptos, do que as que facilmente passariam por fruto de grande habilidade e destreza.

Se bem que, a rigor, o fato se possa explicar, até certo ponto, por uma ação fluídica que houvesse, como o magnetismo oferece muitos exemplos, mudado as propriedades da água, dando-lhe o sabor do vinho, pouco provável é se tenha verificado semelhante hipótese, dado que, em tal caso, a água, tendo do vinho unicamente o sabor, houvera conservado a sua coloração, o que não deixaria de ser notado. Mais racional é se reconheça aí uma daquelas parábolas tão frequentes nos ensinos de Jesus, como a do filho pródigo, a do festim de bodas, do mau rico, da figueira que secou e tantas outras que, todavia, se apresentam com caráter de fatos ocorridos.

Provavelmente, durante o repasto, terá ele aludido ao vinho e à água, tirando de ambos um ensinamento.

(...) Entre duas hipóteses, *deve-se preferir a mais racional,* e os espíritas não são tão crédulos que por toda parte vejam manifestações, nem tão absolutos em suas opiniões, que pretendam explicar tudo por meio dos fluidos".

25
DA UNIFICAÇÃO DAS CRENÇAS

O conhecimento da vida futura será vital para a unificação das religiões

"(...) E haverá um só rebanho e um só Pastor".
Jesus (Jo., 10:16).

Segundo o apóstolo Paulo[98], *"(...) gravitar para a Unidade Divina é o fim da Humanidade. Para atingi-lo três coisas são necessárias: a justiça, o amor e a ciência... Três coisas lhe são opostas: a ignorância, o ódio, a injustiça"* .

A unidade religiosa de âmbito planetário pode parecer uma utopia de sonhadores, mas segundo podemos depreender das palavras de Jesus em epígrafe, será insofismável realidade num futuro ainda longínquo...

O processo de globalização já é uma realidade em muitas áreas da atividade humana, portanto, é natural que este seja também o caminho a ser percorrido pelas religiões tão logo sejam alijados os acessórios que são frutos da mão do homem, deixando somente o que for *"obra de Deus"*. Nesse ponto todas se encontrarão sob o pálio da Lei do Amor.

Cada religião já traz em si o estopim que detonará o seu viés dissidente, e a unidade se fará porque tal é o desejo do Pai Celestial; não existe força humana capaz de opor obstáculo aos desígnios divinos. O primeiro passo na direção dessa futura unidade será dado quando todas as religiões tiverem incorporado em seus princípios a insofismável realidade da vida futura. Assim, de olhos postos no horizonte espiritual, marcharão em compasso cadenciado e uníssono pelo Caminho da Verdade e da Vida...

Ensina o ínclito Mestre Lionês[99]: "(...) No estado atual da opinião e dos conhecimentos, a religião, que terá de congregar um

98 - KARDEC, Allan. O Livro dos Espíritos. 83.ed.Rio: FEB, 2002, q. 1009.

99 - KARDEC, Allan. A Gênese. 43.ed.Rio: FEB, cap. XVII, item 32, § 4º e 5º.

dia todos os homens sob o mesmo estandarte, será a que melhor satisfaça à razão e às legítimas aspirações do coração e do Espírito; que não seja em nenhum ponto desmentida pela ciência positiva; que, em vez de imobilizar, acompanhe a Humanidade em sua marcha progressiva, sem nunca deixar que a ultrapassem; que não for nem exclusivista, nem intolerante; que for a emancipadora da inteligência, com o não admitir senão a fé racional; aquela cujo código de moral seja o mais puro, o mais lógico, o mais de harmonia com as necessidades sociais, o mais apropriado, enfim, a fundar na Terra o reinado do Bem, pela prática da caridade e da fraternidade universais.

O que alimenta o antagonismo entre as religiões é a ideia, generalizada por todas elas, de que cada uma tem o seu deus particular e a pretensão de que este é o único verdadeiro e o mais poderoso, em luta constante com os deuses dos outros cultos e ocupado em lhes combater a influência. Quando elas se houverem convencido de que só existe um Deus no Universo e que, em definitivo, Ele é o mesmo que elas adoram sob os nomes de Jeová, Alá ou Deus; quando se puserem de acordo sobre os atributos essenciais da Divindade, compreenderão que, sendo um único o Ser, uma única tem que ser a Vontade Suprema; estender-se-ão as mãos umas às outras".

26
DE SANTOS & MILAGRES

Foram fecundos em milagres os séculos de ignorância

"O Espiritismo repudia toda pretensão às coisas maravilhosas, reconduz o homem ao terreno da realidade e destrói - ao mesmo tempo – os transviamentos da imaginação e as superstições".

- Allan Kardec [100]

Para que alguém, segundo o entendimento católico, possa ser guindado ao patamar da santidade (ser canonizado), faz-se mister uma comprovação de que tenha realizado uma *"cura milagrosa"*. Ora, se conduzirmos o nosso raciocínio nos trilhos de tal *"lógica"*, não resta a menor dúvida de que tanto Divaldo Franco quanto o Dr. Bezerra de Menezes já fizeram jus à canonização, uma vez que existem provas documentais das *"curas milagrosas"* realizadas por eles. Nós mesmos somos testemunha ocular de um desses *"milagres"*.

O falecido Papa João Paulo II quis canonizar a nobre Madre Tereza de Calcutá, logo após o decesso corporal da mesma, *"queimando"* a etapa da beatificação. Só não foi adiante com o seu projeto porque foi desaconselhado pelos Cardeais à sua volta. Nisto, lá se foi para o espaço a tão apregoada *"infalibilidade"* papal. Tal fato se verificaria também, mais tarde, com seu sucessor. Vemos, portanto, que esta questão é mesmo bem confusa na cabecinha dos nobres prelados e de seus superiores hierárquicos.

Mas, viva a Doutrina Espírita!... Ela faz um enfoque desta questão que *"cassa"* – inapelavelmente – todos os mandatos de santos que lograram sua canonização à custa de *"curas milagrosas"*, provando que tal acontecimento não existe, nunca existiu e não pode existir...

No livro *"A Gênese"*, Kardec estuda e clareia à exaustão esse tema, a partir do capítulo XIII e seguintes, nos quais ele expli-

100 - KARDEC, Allan. A Gênese. 43.ed.Rio: FEB, 2003, cap. XIII, itens 8 e 14.

ca que *"milagre"* não existe. O que existe é a movimentação de fluidos, provocada ou não, que pode resultar em curas, sem que seja derrogada lei alguma.

Para horror da lógica espírita, a academia – etimologicamente – afirma que milagre é *"um ato do poder divino contrário às conhecidas leis da Natureza"*. Ainda bem que os nobres acadêmicos acrescentaram a palavra *"conhecidas"* como salvaguarda da assertiva feita, porque assim o vexame provocado pela ignorância fica reduzido. Sem embargo, dentro do âmbito das Leis Naturais (pouco conhecidas ainda, é verdade), não só o poder divino, mas também os *"falsos profetas"* são capazes de realizar verdadeiros prodígios, conforme revelou Jesus, que logram enganar e confundir até mesmo os escolhidos[101]. Dessa forma, o *"milagre"* perde não só o seu caráter místico como também o poder de guindar à santidade quem manipula os fluidos que redundam em curas, a não ser que (justiça seja feita) os falsos profetas e quaisquer outras pessoas que realizaram *"curas milagrosas"* sejam igualmente canonizados.

Segundo ainda o nobre Codificador[102], "(...) Foram fecundos em milagres os séculos de ignorância, porque se considerava sobrenatural tudo aquilo cuja causa não se conhecia. À proporção que a Ciência revelou novas leis, o círculo do maravilhoso se foi restringindo; mas, como a Ciência ainda não explorara todo o vasto campo da Natureza, larga parte dele ficou reservada para o maravilhoso.

Expulso do domínio da materialidade, pela Ciência, o maravilhoso se encastelou no da espiritualidade, onde encontrou o seu último refúgio. Demonstrando que o elemento espiritual é uma das forças vivas da Natureza, força que incessantemente atua em concorrência com a força material, o Espiritismo faz que voltem ao rol dos efeitos naturais os que dele haviam saído, porque, como os outros, também tais efeitos se acham sujeitos a leis. Se for expulso da espiritualidade, o maravilhoso já não terá razão de ser e só então se poderá dizer que passou o tempo dos milagres".

---

101 - Mateus, 24:24.

102 - KARDEC, Allan. A gênese. 43.ed.Rio: FEB, 2003, cap. XIII, itens 2, 3.

Allan Kardec[103] fecha totalmente esta questão não só com cerrada e imbatível lógica, mas até mesmo com um suave viés poético:

"Querem dar ao povo, aos ignorantes, aos pobres de espírito uma ideia do poder de Deus?! Mostrem-nO na Sabedoria Infinita que preside a tudo, no admirável organismo de tudo o que vive, na frutificação das plantas, na apropriação de todas as partes de cada ser às suas necessidades, de acordo com o meio onde ele é posto a viver. Mostrem-lhes a ação de Deus na vergôntea de um arbusto, na flor que desabrocha, no Sol que tudo vivifica. Mostrem-lhes a Sua bondade na solicitude que dispensa a todas as criaturas, por mais ínfimas que sejam; a Sua previdência, na razão de ser de todas as coisas, entre as quais nenhuma inútil se conta, no bem que sempre decorre de um mal aparente e temporário. Façam-lhes compreender, principalmente, que o mal real é obra do homem e não de Deus; não procurem espavori-los com o quadro das penas eternas, em que acabam não mais crendo e que os levam a duvidar da bondade de Deus; antes, deem-lhes coragem, mediante a certeza de poderem um dia redimir-se e reparar o mal que hajam praticado. Apontem-lhes as descobertas da Ciência como revelações das leis divinas e não como obras de Satanás. Ensinem-lhes, finalmente, a ler no livro da Natureza, constantemente aberto diante deles; nesse livro inesgotável, em cada uma de cujas páginas se acham inscritas a sabedoria e a bondade do Criador. Eles, então, compreenderão que um Ser tão grande, que com tudo Se ocupa, que por tudo vela, que tudo prevê, forçosamente dispõe do poder supremo. Vê-lo-á o lavrador, ao sulcar o seu campo; e o desditoso, nas suas aflições, O bendirá dizendo: '*Se sou infeliz, é por culpa minha.*' Então, os homens serão verdadeiramente religiosos, racionalmente religiosos, sobretudo, muito mais do que acreditando em pedras que suam sangue, ou em estátuas que piscam os olhos e derramam lágrimas".

---

103 - Idem. Ibidem, cap. XIII, item 19.

27
EMPREGO ÚTIL DO TEMPO

As depressões cobram o ônus da futilidade aos que desperdiçam as horas

"(...) Marta, Marta, estás ansiosa e afadigada com muitas coisas, mas uma só é necessária".
Jesus. (Lc. 10:41.)

Festas intermináveis, insossas badalações sociais, futilidades!... As horas vazias cobram um alto e doloroso preço na economia espiritual. Não é sem motivo que grassam as depressões de variegado matiz.

"Ó miséria! Malditas sejam as horas de egoísmo e inércia, nas quais, esquecida de toda a caridade, de todo o afeto, eu só pensava no meu bem-estar! Malditos interesses humanos, preocupações materiais que me cegaram e perderam! Agora o remorso do tempo perdido. (...) Eu urro de dor, errante, sem repouso, rumando sem esperança, sentindo o aguilhão do eterno castigo a enterrar-se-me na alma revoltada! (...) Não tenho expressões para definir esse tempo que se escoa, sem que as horas lhe assinalem períodos".

Os lamentos acima (mais gemidos que palavras) foram proferidos por Claire, uma senhora que viveu na Europa no século XIX.

Ao analisar a situação *"post mortem"* de alguns Espíritos sofredores, Allan Kardec selecionou[104] algumas mensagens de Claire, que tardiamente reconheceu a preciosidade que é o tempo para promovermos a nossa alforria espiritual – em especial enquanto estamos encarnados. Mas, desassisados que somos, investimos muito desse valiosíssimo tempo nas horas vazias!... O resultado disso é que – hodiernamente – as depressões estão aí fazendo a cobrança do ônus da futilidade aos ecônomos infiéis que desperdiçaram o tempo jogando conversa fora.

104 - KARDEC, Allan. O Céu e o Inferno. 51.ed.Rio: FEB, 1944, 2ª parte, cap. IV.

Eis o aconselhamento explícito de Claire: *"(...) Vela constantemente, ama os outros mais que a ti mesmo, não retardes a marcha nem engordes o corpo em detrimento da alma. Vela, conforme pregava o Salvador a Seus discípulos"*.

O Espírito S. Luís, comentando as mensagens de Claire, disse, entre outras coisas[105]: "(...) Este quadro é de todo verdadeiro e em nada exagerado. Perguntar-se-á talvez o que fez essa mulher para ser assim tão miserável! Ela cometeu algum crime horrível? Roubou? Assassinou? Não; ela nada fez que afrontasse a justiça dos homens. Ao contrário, divertia-se com o que chamais felicidade terrena; beleza, gozos, adulações, tudo lhe sorria, nada lhe faltava, a ponto de dizerem os que a viam: "Que mulher feliz!" invejando-lhe a sorte. Mas quereis saber? Foi egoísta: possuía tudo, exceto um bom coração. Não violou a lei dos homens, mas a de Deus, visto como esqueceu a primeira das virtudes – a caridade. Não tendo amado senão a si mesma, agora não encontra ninguém que a ame e vê-se insulada, abandonada, ao desamparo no Espaço, onde ninguém pensa nela nem dela se ocupa. Eis o que constitui o seu tormento. Tendo apenas procurado os gozos mundanos que hoje não mais existem, o vácuo se lhe fez em torno, e como vê apenas o nada, este lhe parece eterno. Ela não sofre torturas fisicas; não vêm atormentá-la os demônios – o que é, aliás, desnecessário, uma vez que se atormenta a si mesma, o que lhe é ainda mais doloroso, porquanto, se tal acontecesse, os demônios seriam seres a ocuparem-se dela. O egoísmo foi a sua alegria na Terra; pois bem, é ainda ele que a persegue – verme a corroer-lhe o coração, seu verdadeiro demônio.

(...) O insulamento, o abandono, o desamparo, eis a punição daquele que só viveu para si. Claire era, como vimos, um Espírito assaz inteligente, mas de árido coração. A posição social, a fortuna e os dotes físicos que na Terra possuíra atraíram-lhe homenagens gratas à sua vaidade – o que lhe bastava; hoje, onde se encontra, só vê indiferença e vacuidade em torno de si.

(...) Certos Espíritos são obstinados na prática do mal; são insensíveis à ideia e mesmo ao espetáculo da felicidade dos bons Espíritos. É exatamente a situação dos homens degradados que

105 - KARDEC, Allan. O Céu e o Inferno. 51.ed.Rio: FEB, 1944, 2ª parte, cap. IV.

se deleitam na depravação como nas práticas grosseiramente sensuais. Esses homens estão, por assim dizer, no seu elemento; não concebem os prazeres delicados, preferindo farrapos andrajosos a vestes limpas e brilhantes, por se acharem naqueles mais à vontade. Daí a preterição de boas companhias por orgias báquicas e deboches. E de tal modo esses Espíritos se identificam com esse modo de vida, que ela chega a constituir-lhes uma segunda natureza, acreditando-se incapazes mesmo de se elevarem acima da sua esfera. E assim se conservam até que radical transformação do ser lhes reavive a inteligência, desenvolva-lhes o senso moral e os torne acessíveis às mais sutis sensações.

Esses Espíritos, quando desencarnados, não podem prontamente adquirir a delicadeza dos sentimentos, e durante um tempo mais ou menos longo ocuparão as camadas inferiores do mundo espiritual, tal como acontece na Terra; assim permanecerão enquanto rebeldes ao progresso, mas, com o tempo, a experiência, as tribulações e misérias das sucessivas encarnações, chegará o momento de conceberem algo de melhor do que até então possuíam. Elevam-se-lhes por fim as aspirações, começam a compreender o que lhes falta e principiam os esforços da regeneração. Uma vez nesse caminho, a marcha é rápida, visto como compreenderam um bem superior, comparado ao qual os outros, que não passam de grosseiras sensações, acabam por inspirar-lhes repugnância".

Enquanto encarnados, estamos no tempo da sementeira (que é livre, voluntária), mas, uma vez desencarnados, vamos colher – obrigatoriamente – o que tivermos semeado... Daí o oportuno alerta de Jesus[106]: *"Não se colhem figos dos espinheiros, nem se vindimam uvas dos abrolhos"*.

Saibamos, portanto, *(enquanto é dia)* semear com inteligência e cuidado a fim de colhermos, mais tarde, os frutos sazonados da paz imarcescível e da felicidade sem mescla, repetindo com Jesus: *"Venci o mundo"*.

---

106 - Lucas, 6:44.

28 ESTAMOS NO CURSO DA LEI

Nada se opera no mundo que não obedeça a um princípio sábio e justo

"No mundo tereis aflições..."
Jesus (Jo., 16:33)

Em virtude de nosso apoucamento intelectual e pelo natural amodorramento das potencialidades do Espírito enquanto encarnado, temos agora os horizontes do Infinito bloqueados por densa névoa, vendo surgir, de todos os lados, as vicissitudes que nos atordoam.... Estas, embora amargas, são ocorrências indispensáveis que vão, pouco a pouco, esvurmando a empola má do nosso Espírito. Há que se considerar os espinhos feridores como os *"instrumentos cirúrgicos"* que trazem como consequência o bálsamo curador.

Não podemos ter a presunção de compreender a razão de todos os sucessos, sejam eles bons ou maus. Só de uma coisa podemos estar seguros: *"Nada se opera no mundo que não obedeça a um princípio sábio e justo."*

No capítulo cinco do livro *"O Evangelho Segundo o Espiritismo"*, Allan Kardec, junto aos Benfeitores Espirituais, tece largos comentários sobre essas questões, clareando-as e desdobrando-as até as fronteiras do possível à nossa compreensão.

Disse Jesus[107]: *"Bem-aventurados os que choram, pois que serão consolados. Ditosos sois, vós que agora chorais, porque rireis"*.

Em uma de suas assertivas, expõe o Missionário da Terceira Revelação: *"As vicissitudes da vida derivam de uma causa e, pois que Deus é justo, justa há de ser essa causa"*.

Esclarece o Mestre Lionês[108]: "Os Espíritos não podem aspirar à completa felicidade, enquanto não se tenham tornado puros: qualquer mácula lhes interdita a entrada nos mundos ditosos. São

107 - Mateus, 5:5, e Lucas, 6:21.

108 - KARDEC, Allan. O Evangelho Seg. o Espiritismo. 129. ed. Rio [de Janeiro]: FEB, 2009, cap.V, item 10.

como passageiros de um navio onde há pestosos, aos quais se veda o acesso à cidade a que aportem até que se hajam expurgado. Mediante as diversas existências corpóreas é que os Espíritos se vão expungindo, pouco a pouco, de suas imperfeições. As provações da vida os fazem adiantar-se, quando bem suportadas. Como expiações, elas apagam as faltas e purificam, pois constituem-se o remédio que limpa as chagas e cura o doente. Quanto mais grave é o mal, tanto mais enérgico deve ser o remédio. Aquele, pois, que muito sofre, deve reconhecer que muito tinha a espiar e deve regozijar-se à ideia da sua próxima cura. Dele depende, pela resignação, tornar proveitoso o seu sofrimento e não lhe estragar o fruto com as suas impaciências, pois do contrário, terá de recomeçar".

Portanto, ainda que visitados pela mais angustiante vicissitude que nos prenda sob doloroso guante, jamais nos olvidemos da fé.

29
HERODES ERA REI; JESUS, CARPINTEIRO

Seu exemplo de humildade começou no berço singelo e despojado

"As posições entre os homens, frequentemente, estão na razão inversa da elevação dos sentimentos morais."
Allan Kardec[109]

Inobstante Suas ilimitadas qualificações morais, a vida colocou Jesus frente a frente com venais juízes humanos. Sem embargo, Ele permaneceu humilde e às vezes silencioso, embora impertérrito...

Seu exemplo de humildade começou no berço singelo e despojado, como que para mostrar-nos o quão prejudicial para nossa economia espiritual é o orgulho, cujas consequências são ásperas amarguras, acerbas e causticantes dores de não fácil erradicação. Necessário atentarmos para o Divino Modelo.

Segundo o Mestre Lionês[92], *"(...) a marcha dos Espíritos nos trâmites evolutivos é progressiva, jamais retrógrada. Eles se elevam gradualmente na hierarquia, e não descem da categoria que já alcançaram. Nas suas diferentes existências corporais podem descer como homens, mas não como Espíritos. Assim, a alma de um potentado na Terra, pode, mais tarde, animar o mais modesto artesão e vice-versa".*

A Doutrina Espírita, com seu inesgotável manancial de ensinamentos, esclarece-nos também quanto ao aspecto menos imediato da vida, ou seja, o presente como corolário do pretérito e o futuro como resultado do presente. Dessa forma, o espírita estudioso e sério, em qualquer nível social, sabe que sua posição boa ou má não será eterna. Se estiver no ápice da ordem social, não se envaidece nem se ensoberbece, pois sabe que não viverá aí em regime vitalício. Se estiver na base da ordem social, integrando a grande e desafortunada mole humana, não se desespera nem se revolta, pois confia no futuro promissor...

109 - KARDEC, Allan. O Livro dos Espíritos. 83.ed.Rio: FEB, 2002 – q. 194-a.

Revelam os Benfeitores Espirituais[110]: *"Os Espíritos se encarnam como homens ou mulheres porque eles não têm sexos. Como devem progredir em tudo, cada sexo, como cada posição social, lhes oferecem provas e deveres especiais, além da oportunidade de adquirir experiência. Aquele que fosse sempre homem, não saberia senão o que sabem os homens".*

PERFIL DO ESPÍRITA CRISTÃO [111]

"(...) O verdadeiro espírita, onde quer que se situe na escala social, será sempre aquela criatura consciente de que Jesus é o *seu "Modelo e Guia mais perfeito"*. Será humilde, probo, cumprirá a lei de justiça e amor e de caridade na sua maior pureza; interroga sempre a sua consciência sobre seus próprios atos, perguntando-se se violou alguma lei, se não praticou o mal, se fez todo o bem que podia, se desprezou voluntariamente alguma ocasião de ser útil, se ninguém tem qualquer queixa dele; enfim, se fez a outrem tudo o que desejara lhe fizessem; deposita fé em Deus; tem fé no futuro; sabe que todas as vicissitudes da vida são o cadinho esfogueante que lhe testarão a têmpera; faz o bem pelo bem, sem esperar paga alguma, retribui o mal com o bem; encontra satisfação nos benefícios que espalha; seu primeiro impulso é para pensar nos outros; é bom, humano, benevolente, respeitador; não alimenta ódio, nem rancor, nem desejo de vingança; perdoa e esquece as ofensas; é indulgente; nunca se compraz em rebuscar os defeitos alheios; estuda as próprias imperfeições, esforçando-se incessantemente para combatê-las; usa, mas não abusa dos bens que lhe são concedidos; respeita todos os direitos que aos seus semelhantes dão as leis da Natureza, como quer que sejam respeitados os seus".

Se não conseguirmos acomodar em nosso coração esses normativos que caracterizam o *modus vivendi* do verdadeiro Espírita, estaremos no mesmo nível de Herodes e bem distanciados de Jesus, engrossando a fileira dos orgulhosos, dos déspotas e venais...

Não sem motivo, assevera Lacordaire[112]: "O orgulho é o terrível adversário da Humanidade. Se o Cristo prometia o Reino dos

---

110 - KARDEC, Allan. O Livro dos Espíritos. 83.ed.Rio de Janeiro: FEB, 2002, q. 202.

111 - KARDEC, Allan. O Evangelho Seg. o Espiritismo. 121.ed.Rio de Janeiro: FEB, 2003, cap. XVII, item 3.

112 - KARDEC, Allan. O Evangelho Seg. o Espiritismo. 121.ed. Rio de Janeiro: FEB, 2003, cap. VII, item 11.

Céus aos mais pobres, é porque os grandes da Terra imaginam que os títulos e riquezas são recompensas deferidas aos seus méritos. Sem humildade não podemos ser caridosos e fora da Caridade não há salvação possível".

Espelhemo-nos no *"Modelo e Guia mais perfeito"*. Por mais anônimos que sejamos, onde quer que estejamos situados, saibamos discernir os verdadeiros valores. Não permitamos que o escabroso jogo das aparências nos ludibrie.

30
KARDEC ESTÁ ULTRAPASSADO ?

Kardec nunca esteve, não está e jamais estará ultrapassado

"Se alguma vez eu lhe disser alguma coisa diferente do que disse Jesus e Kardec, fique com Jesus e Kardec e abandone-me."
(Recado dado algures por Emmanuel a Chico Xavier)

Vez por outra, surpreendemos companheiros invigilantes repetindo informações de "*estudiosos*" que afirmam, na maior sem-cerimônia, que Kardec está ultrapassado por terem seus pensamentos e orientações completado um século meio de existência e, de lá para cá, tudo se "*modernizou*". O espírito humano, indócil por natureza e ávido de novidades, está sempre engendrando e articulando, mas, em matéria de Espiritismo, tudo está contido nas Obras Básicas de Allan Kardec, e tal deve ser o eixo de toda e qualquer elucubração espiritista. Portanto, qualquer "*novidade*" que surja fora do contexto doutrinário não tem o aval da Codificação.

Kardec nunca esteve (não está e jamais estará) ultrapassado!... Está, sim, atropelado pela insolência e leviandade de pseudoespíritas que, no dizer de Herculano Pires, são "*presunçosos demais e estudiosos de menos*". Eles geralmente endossam suas teses absurdas com a afirmativa do próprio Mestre Lionês, que disse: "*Se a Ciência provar que o Espiritismo está em erro em algum ponto, ele se aí se modificará*". Ora, acontece que até hoje a Ciência não tem feito outra coisa senão ratificar todos os postulados espíritas.

Dois pesquisadores norte-americanos, Kevin Zahnle e David Grispoon, afirmaram que partículas de pó biológico carreadas pelos cometas, suficientemente pequenas para atravessar a atmosfera terrestre sem se aquecerem, explicariam a presença de aminoácidos encontrados em camadas geológicas muito antigas na Dinamarca. Segundo análise da NASA, Agência Espacial Americana, a poeira dos cometas é rica em carbono, hidrogênio, oxigênio e nitrogênio, *substâncias que formam as moléculas dos seres vivos.* Recentes descobertas reforçam a teoria de que a vida terrestre surgiu a partir de moléculas trazidas pelos cometas, confirmando antigas proposições de que semelhantes astros teriam atravessado o Sistema Solar deixando um rastro de poeira carregado de moléculas orgânicas. Essas substâncias teriam sido atraídas para a atmosfera do nosso Planeta e tomado parte em reações químicas que propiciaram o surgimento dos primeiros seres vivos. Não fica muito difícil entender essa espécie de *"polinização cósmica"* se a compararmos com a de nossos vegetais.

No livro *"A Gênese"*, capítulo IX, Allan Kardec já esclarecia (isso em 1868), que estava perfeitamente tranquilo com relação à influência que os cometas exercem, pois são destinados a reabastecer os mundos, trazendo-lhes os princípios vitais que armazenaram em sua corrida pelo espaço e aproximação dos Sóis.

Como se vê, fazendo uma prova-cruzada entre as modernas *"descobertas"* da Ciência e os Postulados Kardequianos, concluímos que **o Mestre Lionês está tão atual hoje como sempre esteve desde os meados do século XIX.**

Por outro lado, Jesus afirmou[113]: *"(...) E eu rogarei ao Pai, e Ele vos dará outro Consolador, para que fique convosco para sempre".*

Como poderia ficar ultrapassado algo que segundo afirmação do Mestre Maior estará *para sempre* conosco? A verdade é uma só em todos os tempos, e não falece dúvida que o *"Consolador"* prometido por Jesus é o Espiritismo. Ora, se foi Kardec quem o codificou, como ele poderia estar ultrapassado?

No livro: *"Ideias e Reminiscências Espíritas"*, Deolindo Amorim afirma: *"Herculano Pires jamais aceitou a ideia de que a Codificação Espírita estivesse superada. Nossa afinidade, nesta posição, era completa..."*

Aí está o pensamento coerente e definitivo de dois luminares das letras espíritas! Discordar, quem há de?!

113 - João, 14:16.

31
O EFEITO COLATERAL DA SACIEDADE

O descuido para com *"a parte boa"* promove o coquetel da infelicidade

"(...) O desgosto da vida, corolário da ociosidade, da falta de fé e também da saciedade, começa sem motivos plausíveis, apoderando-se incoercivelmente de inúmeros indivíduos".

O Livro dos Espíritos, q. 943

Eles têm tudo o que constitui a ambição da maioria das criaturas: juventude, saúde, beleza, riqueza... São o que podemos chamar de *"casal perfeito"*. Têm uma linda criança, muito inteligente, ativa... A esposa já está esperando pelo segundo filho, que, segundo os exames, será um bebê saudável como o primeiro...

Perfeito não? Ledo engano!...

Há poucos dias ouvi (com meus ouvidos de ouvir) o marido dizer para o dono da casa onde estava sendo comemorada uma data natalícia: *"Estou meio deprimido! Tem cerveja aí?"*.

O problema dele é a *saciedade*. Tem e sempre teve tudo com muita facilidade! Acrescente-se aí o pleno descuido para com *"a parte boa"*, isto é, o lado espiritual, e está pronto o coquetel da infelicidade! É o protótipo do homem carnal cuja alma se conserva sempre vazia e numa inexplicável ansiedade e tortura perpétuas.

Já o homem moral (que não deixa de ter o seu viés carnal, mas o mantém sob rígido controle) *"experimenta"* – segundo Kardec[114] – *"gozos que o homem material desconhece. A moderação de seus desejos lhe* dá ao *Espírito calma e serenidade. Ditoso pelo bem que faz, não* há *para ele decepções, e as contrariedades lhe deslizam por sobre a alma sem nenhuma impressão dolorosa deixarem"*.

Delfina de Girardin quebra totalmente os paradigmas dos conceitos de felicidade e infelicidade. Vale a pena conferir o texto

---

114 - KARDEC, Allan. O Livro dos Espíritos. 88.ed.Rio[de Janeiro]: FEB, 2006, q. 941.

original em sua íntegra[115].

Uma Entidade Espiritual, que se identificou como *"Staël"*, oferece[116] interessantes respostas às eternas indagações filosóficas da Humanidade. Dentre elas, a estas: "Qual é o objetivo de cada indivíduo na Terra? Ele quer a felicidade a qualquer preço que seja. É o que faz com que todos nós sigamos um caminho diferente? É que cada um de nós espera encontrá-lo num lugar ou numa coisa que lhe agrade particularmente: uns procuram a glória, outros as riquezas, outros as honras; o maior número corre atrás da fortuna, porque, em nossos dias, é o meio mais poderoso para chegar a tudo; ela serve de pedestal para tudo. Mas quantos veem essa necessidade de felicidade realizada? Bem poucos; e perguntai a cada um daqueles que obtiveram a fortuna se atingiram o objetivo a que se tinham proposto: são felizes? Todos respondem: ainda não! Isso porque todos os desejos aumentam na razão que sejam satisfeitos. Se hoje há tantas pessoas que querem se interessar pelo Espiritismo, é que depois de ver que tudo é quimera e querendo pelo menos chegar, tentam o Espiritismo como tentaram a riqueza e a glória.

Se Deus colocou nos corações esta necessidade tão grande de felicidade, é que esta deve existir em alguma parte. Sim, tende confiança n`Ele, mas sabei que tudo o que Deus promete deve ser divino como Ele, e que a felicidade que procurais não pode ser material.

Vinde a nós, vós todos que sofreis; vinde a nós, todos vós que tendes necessidade de esperança, porque quando tudo na Terra vos faltar, enfraquecer, nós aqui, teremos mais do que as vossas necessidades pedirem... Mães desesperadas, que vos lamentais sobre uma tumba, vinde aqui: o anjo que chorais vos falará, vos protegerá, vos inspirará a resignação para as penas que tendes sofrido na Terra. Todos vós que tendes a necessidade insaciável da ciência, dirigi-vos a nós; só nós podemos dar ao vosso Espírito o alimento de que ele necessita. Vinde, saberemos encontrar um bálsamo para cada ferida, e por desamparados que vos pareçam, há Espíritos que vos amam e que estão prontos para vo-lo provar. Eu falo em nome de todos. Desejo que venham nos pedir conselhos, porque estou segura que vós, com isto, tereis a esperança no coração".

---

115 - KARDEC, Allan. O Evangelho Seg. o Espiritismo. 129.ed. Rio [de Janeiro]: FEB, 2009, cap. V, item 24.

116 - KARDEC, Allan. Revue Spirite – março de 1860. Araras: IDE, 1993.

32
O ESPIRITISMO DO PONTO DE VISTA RELIGIOSO

Provando a existência da alma, o Espiritismo nega o materialismo

"(...) Não faltam os que anseiam pelo recebimento da Luz, para que se esteja a perder tempo com os que a repelem".
Allan Kardec[117]

Ensina o Mestre Lionês[118] que o Espiritismo repousa sobre as bases fundamentais da religião e respeita, por conseguinte, todas as crenças. Um de seus efeitos é incutir sentimentos religiosos nos que não os possuem, fortalecendo-os nos que os tenham vacilantes.

Bem, se é assim (e é mesmo), por que tanta parcimônia com o proselitismo? Por que não deve o Espiritismo se dirigir àqueles que têm uma fé religiosa qualquer? Por que deixar os religiosos das várias denominações enredados e sufocados em dogmas inverossímeis, absurdos, e não lhes dar a conhecer a Verdade? Por que focar a atenção somente sobre os incertos e incrédulos?

Tais questões já foram formuladas a Kardec por uma pessoa residente em Bordeaux que, entre outras perguntas, ainda questionou[119]: "O Espiritismo, que é a verdade, não deveria se dirigir a todo o mundo? A todos aqueles que estão no erro? Ora, aqueles que creem numa religião qualquer, protestante, judaica, católica ou qualquer outra, não estão no erro? Nele estão, indubitavelmente, uma vez que as diversas religiões hoje professadas dão como verdades incontestáveis – e nos obrigam a crer – coisas completamente falsas, ou que pelo menos podem vir de fontes verdadeiras, mas inteiramente mal interpretadas. Se está provado que as penas

---

117 - KARDEC, Allan. O Livro dos Médiuns. 71.ed.Rio [de Janeiro]: FEB, 2003, 1ª parte, cap. III, item 30.

118 - Idem ibidem, 1ª parte, cap. III, item 24.

119 - KARDEC, Allan. Revue Spirite. Janeiro de 1863. Araras: IDE, 2000, p.p. 19-21.

não são senão temporárias, – e Deus sabe se é um erro leviano confundir o temporário com o eterno – , que o fogo do inferno é uma ficção, e que em lugar de uma Criação em seis dias trata-se de milhões de séculos, etc.; se tudo isto está provado, digo, partindo deste princípio de que a verdade é *una*, as crenças que deram lugar a interpretações tão falsas desses dogmas não são nem mais nem menos do que falsas, porque uma coisa é ou não é; não há meio-termo. Por que, pois, o Espiritismo não se dirigiria tanto àqueles que creem em absurdos, para disso dissuadi-los, quanto àqueles que não creem em nada ou que duvidam?"

Eis a resposta de Kardec[119]: "(...) Lembremos, antes de tudo e uma vez mais, o objetivo essencial do Espiritismo, sobre o qual o autor desses questionamentos, que não tenho a honra de conhecer, não parece estar devidamente esclarecido. Pelas provas patentes dadas pela Doutrina Espírita a respeito da existência da alma e da vida futura, bases de todas as religiões, é a negação do materialismo, e se dirige, consequentemente, àqueles que negam ou que duvidam. É bem evidente que aquele que não crê em Deus nem em sua alma não é nem católico, nem judeu, nem protestante, qualquer que seja a religião em que nasceu, porque não seria mesmo nem maometano nem budista; ora, pela evidência dos fatos, é levado a crer na vida futura com todas as suas consequências morais; livre para adotar em seguida o culto que melhor convenha à sua razão ou à sua consciência. Mas aí se detém o papel do Espiritismo; faz vencer os três quartos do caminho; faz transpor o passo mais difícil: o da incredulidade, cabendo aos outros fazer o resto.

Mas, poderá dizer o autor da carta, se nenhum culto me convém? Pois bem! Então, ficai o que sois; o Espiritismo nisso nada pode; não se encarrega de vos fazer abraçar um culto à força, nem de discutir para vós o valor intrínseco dos dogmas de cada um: deixa isto à vossa consciência. Se o que o Espiritismo dá não vos basta, procurai, entre todas as filosofias que existem, uma doutrina que melhor satisfaça às vossas aspirações.

Os incrédulos e os que duvidam formam uma categoria imensamente numerosa, e quando o Espiritismo diz que não se dirige àqueles que têm uma fé qualquer e a quem essa fé basta, entende que não se impõe a ninguém e não violenta nenhuma consciência.

Dirigindo-se aos incrédulos, chega a convencê-los pelos meios que lhe são próprios, pelos raciocínios que sabe ter acesso à sua razão, uma vez que os outros foram impotentes; em uma palavra, ele tem seu método com o qual obtém, todos os dias, muitos bons resultados; mas não tem doutrina secreta; não diz a uns: abri vossos ouvidos, e aos outros, fechai-os; fala a todo o mundo por seus escritos, e cada um está livre para adotar ou rejeitar a sua maneira de encarar as coisas. Por esta maneira, faz crentes fervorosos daqueles que eram incrédulos; é tudo o que ele quer. Aquele, pois, que diria: *'Tenho minha fé e não quero mudá-la; creio na eternidade absoluta das penas, nas chamas do inferno e nos demônios; persisto mesmo em crer que é o Sol que gira porque a Bíblia o diz, e creio que minha salvação é a esse preço'*, o Espiritismo responde: *'Guardai vossas crenças, uma vez que elas vos convêm; ninguém procura vos impor outras; não me dirijo a vós, uma vez que não me quereis; e nisto é fiel ao seu princípio de respeitar a liberdade de consciência. Se há os que creem estar em erro, são livres para olhar a luz, que brilha para todo o mundo; aqueles que creem estar na verdade são livres para afastar os olhos'*.

Essa atitude cuidadosa, ponderada e lógica do inolvidável Mestre de Lyon encontra amparo nas orientações de Jesus quando Ele aconselhava Seus apóstolos a não procurarem os gentios, pois esses ainda apresentavam terreno sáfaro para acolher as verdades cristãs; e igualmente afirmou também que *"os sãos não precisam de médico"*, ao dizer: *"Eu não vim para os sãos"*. Ele assim falou porque os Seus ensinamentos não deveriam ser desperdiçados nos ouvidos moucos dos que se locupletavam no orgulho e na presunção, pois tais não se deixavam penetrar pela mensagem – eram, portanto totalmente refratários a ela. Tampouco poderiam se mimetizar pelos ensinamentos por Ele veiculados, e muito menos levar o discurso sublime para o curso da prática em suas vidas. A Luz Maior irradiada pelos divinos lábios seria acolhida pelos enfermos, pelos sofredores, pelos desvalidos, pelos párias sociais e pelos humildes e simples de coração, em cujas almas os acordes da musicalidade divina repercutiam docemente... Hoje, a doutrina Espírita trilha o mesmo caminho, utiliza-se do mesmo *modus operandi* do Cristo de Deus.

Complementa Kardec[119]: "Ainda uma vez: O Espiritismo tem um objetivo do qual não quer e não deve se afastar; sabe o caminho que deve a ele conduzir, e segui-lo-á sem se deixar extraviar pelas sugestões dos impacientes: cada coisa vem a seu tempo, e querer ir muito depressa, frequentemente, é recuar em lugar de avançar.

Duas palavras ainda ao autor da carta: parece-nos ter feito uma falsa aplicação do princípio de que a verdade é *una*, disso concluindo que se certos dogmas, como os das penas futuras e o da Criação, receberam uma interpretação errônea, tudo deve ser falso na religião. Não vemos, todos os dias, a própria ciência positiva reconhecer certos erros de detalhes, sem que, por isso, a ciência seja radicalmente falsa? Não se pôs a Igreja de acordo com a ciência sobre certas crenças das quais fazia outrora artigos de fé? Não reconhece ela hoje a lei do movimento da Terra e a dos períodos geológicos da Criação que havia condenado como heresias? Quanto às chamas do inferno, toda a alta teologia está de acordo em reconhecer que é uma figura, e que é preciso entender, por aí, um fogo moral e não um fogo material. Sobre vários pontos as doutrinas são também menos absolutas do que outrora; de onde se pode concluir que um dia, cedendo à evidência dos fatos e das provas materiais, ela compreenderá a necessidade de uma interpretação em harmonia com as leis da Natureza, de alguns pontos ainda controvertidos; porque nenhuma crença poderia, nem validamente, nem racionalmente, prevalecer contra essas leis. Deus não pode Se contradizer estabelecendo dogmas contrários às Suas leis eternas e imutáveis, e o homem não pode pretender se colocar acima de Deus, decretando a nulidade de Suas leis. Ora, a Igreja, que compreendeu esta verdade para certas coisas, compreendê-la-á igualmente para as outras, notadamente no que concerne ao Espiritismo, fundado, em todos os pontos, sobre as leis da Natureza, ainda mal compreendidas, mas que cada dia serão mais bem compreendidas".

33
OS EFEITOS DO DESESPERO

Quanto mal faz o materialismo inoculando o veneno da incredulidade!

"No mundo tereis aflições..."
Jesus (Jo., 16:33).

Não é sem motivo que o codinome do Espiritismo é *"O Consolador"*, e Jesus estava coberto de razão quando profetizou a necessidade da vinda desse Divino Maná à Terra. Sem a fé raciocinada oferecida pela Doutrina Espírita para iluminar as ínvias e tredas sendas terrestres, jamais poderíamos sair das urdiduras do desespero oriundo das vicissitudes naturais de nosso carreiro evolutivo.

O conhecimento espírita age como uma vacina contra o desespero porque nos fortalece, ao mesmo tempo em que esclarece, explica, aconselha, orienta...

Kardec cita[120] e dá explicações acerca de três casos de desespero nos quais o materialismo e a falta do conhecimento espírita foram fatais para suas vítimas. Segundo o ínclito Mestre Lionês, "para registrar todos os acidentes funestos causados pelo desespero – somente aqueles que chegam ao conhecimento do público, seriam necessários muitos volumes. Quanto de suicídios, de enfermos, de mortes voluntárias, de casos de loucura, de atos de vingança, de crimes mesmo não se produzem todos os dias! Uma estatística bem instrutiva seria aquela das causas primeiras que conduziram ao desarranjo do cérebro, e ver-se-ia que o desespero ali entra pelo menos pelos quatro quintos; mas não é disso que nos queremos ocupar hoje. Eis dois fatos salientados nos jornais, não a título de novidade, mas como assunto de observação.

Leu-se, no *Siècle* de 17 de fevereiro último, no relato dos funerais do Sr. Laferrière: 'Terça-feira última, conduzíamos à sua última morada com alguns amigos tristes uma jovem de vinte anos,

120 - KARDEC, Allan. Revue Spirite. junho de 1861. Araras: IDE, 1993, p.181-184.

levada por uma enfermidade de alguns dias. O pai dessa jovem, filha única, era o Sr. Laferrière, membro do Instituto, inspetor geral das faculdades de direito. O excesso da dor fulminou esse infeliz pai, e a resignação da fé do cristão não foi suficiente para a sua consolação.

A trinta e seis horas de distância, a morte aplicou um segundo golpe, e a mesma semana que separara a filha do pai os reuniu. Uma multidão numerosa e consternada seguia hoje o caixão do Sr. Laferrière'.

O Sr. Laferrière tinha sentimentos religiosos, disse o jornal; entretanto, esses sentimentos não o impediram de sucumbir ao seu desespero. Estamos convencidos de que se tivesse ideias menos vagas sobre o futuro, mais positivas, tais como as dá o Espiritismo; se cresse na presença de sua filha junto dele, se tivesse a consolação de comunicar-se com ela, teria compreendido que dela não estava separado senão materialmente e por um tempo dado, e adquiriria paciência, remetendo à vontade de Deus quanto ao momento de sua reunião; acalmar-se-ia pela ideia de que mesmo o seu desespero era uma causa de perturbação para a felicidade do objeto de sua afeição.

Essas reflexões se aplicam, ainda com mais razão, ao fato seguinte, que se leu no *Siècle* do dia 1º de março último: 'O senhor Léon L..., com a idade de 25 anos, empresário de viaturas de ônibus, de Villemonble-Paris, esposara, há mais ou menos dois anos, uma jovem mulher que amava com paixão. O nascimento de um filho, hoje com a idade de um ano, veio fortalecer ainda mais a afeição dos esposos, e como seus negócios prosperavam, tudo parecia lhes pressagiar um futuro de felicidades...

Há alguns meses, a senhora L... foi subitamente atingida por uma febre tifóide, e apesar dos cuidados mais assíduos, apesar de todos os recursos da ciência, ela sucumbiu em pouco tempo. A partir desse momento, o senhor L... caiu numa melancolia da qual nada podia distraí-lo. Frequentemente, se lhe ouvia dizer que a vida era odiosa e que iria juntar-se com aquela que levara toda a sua felicidade.

Ontem, retornando de Paris em seu cabriolé, pelas sete horas da noite, o senhor L... entregou a sua viatura nas mãos de um palafreneiro[121] e, sem dizer uma palavra a ninguém, entrou numa peça situada ao nível do solo e vizinha da sala de jantar. Uma hora mais tarde, uma criada veio adverti-lo de que o jantar estava servido; ele respondeu que não tinha mais necessidade de nada; estava semideitado sobre uma mesa, a cabeça apoiada em suas duas mãos, e parecia atingido por uma prostração completa.

A criada advertiu os parentes, que foram junto de seus filhos. Ele perdera o conhecimento. Correu-se à procura do doutor Dubois. À sua chegada, o médico constatou que Léon não existia mais. Envenenara-se com a ajuda de uma forte dose de láudano[122], que dava aos seus cavalos.

A morte desse jovem causou uma viva impressão na região, onde gozava da estima geral.'

O Sr. L... acreditava, sem dúvida, na vida futura, uma vez que se matou para ir juntar-se à sua mulher. Se tivesse conhecido pelo Espiritismo a triste sorte dos suicidas, saberia que, longe de apressar o momento de sua reunião, era um meio infalível de distanciá-lo.

A esses dois fatos se opõe o seguinte, que mostra o império que podem ter as crenças Espíritas sobre as resoluções daqueles que as possuem.

(...) Uma senhora de meu conhecimento *"perdera"* seu marido, cuja morte foi atribuída à falta do médico. A viúva concebeu contra esse último tal ressentimento, que ela o perseguia, sem cessar, com suas invectivas e suas ameaças, dizendo-lhe, por toda a parte onde o encontrava: *"Carrasco, não morrerás senão pela minha mão!"* Essa senhora era muito piedosa e muito boa católica; mas foi em vão que se empregaram, para acalmá-la, os recursos da religião; chegou ao ponto de o médico crer dever dirigir-se à autoridade para a sua própria segurança.

O Espiritismo conta com numerosos adeptos na cidade habitada por essa senhora; um de seus amigos, muito bom Espírita, disse-lhe um dia: 'Que pensaríeis se vos colocasse no estado de conversar com o vosso marido?' 'Oh!', disse ela, 'se eu soubesse que isso fosse possível! Estaria segura de não tê-lo perdido para sempre, *consolar-me-ia* e esperaria!...' Logo se lhe deu a

121 - cavalariço.

122 - tintura de ópio que possui efeito sedativo.

prova: Seu marido veio, ele mesmo, dar-lhe conselhos e consolações, e, pela sua linguagem, não pôde ter qualquer dúvida quanto à sua presença junto dela. Desde então, uma revolução completa se operou em seu Espírito; a calma sucedeu ao desespero e suas ideias de vingança deram lugar à resignação. Oito dias depois, foi à casa do médico, muito pouco confortável com a sua visita; mas, em lugar de ameaçá-lo, estendeu-lhe a mão dizendo-lhe: *'Não temas nada, senhor. Venho vos pedir me perdoar o mal que vos fiz, involuntariamente. Foi meu marido, ele mesmo, quem me aconselhou a iniciativa que tomo neste momento; disse-me que não fostes, em nada, a causa de sua morte, e, aliás, tenho agora a certeza de que ele está junto de mim, que me vê e vela por mim, e que estaremos um dia reunidos. Assim, senhor, não me odieis mais, como, de minha parte, não vos odeio também'*. Inútil dizer que o médico aceitou com solicitude a reconciliação, e que se apressou em indagar a causa misteriosa à qual devia, doravante, a sua tranquilidade.

Assim, sem o Espiritismo, essa senhora provavelmente cometeria um crime, tão religiosa que era. Isso prova a inutilidade da religião? Não, de modo algum, somente a insuficiência das ideias que ela nos dá do futuro, que nos apresenta de tal modo vago, que deixa em muitos uma espécie de incerteza, ao passo que o Espiritismo, fazendo por assim dizer tocar o dedo, faz nascer na alma uma confiança e uma segurança mais completas.

Ao pai que perdeu seu filho, ao filho que perdeu seu pai, ao marido que perdeu uma esposa adorada, que consolação dá o materialista? Ele diz: "tudo acabou; do ser que vos era tão caro, nada resta, absolutamente nada senão esse corpo que dentro em pouco será dissolvido; mas de sua inteligência, de suas qualidades morais, da instrução que adquiriu, nada, tudo isso é o nada; vós o perdestes para sempre...

Já o Espírita diz: de tudo isso nada está perdido. Tudo existe; não há de menos senão o envoltório perecível, mas o Espírito liberto de sua prisão está radiante; ele está ali, junto de vós, vos vê, vos escuta e vos espera... Oh! Quanto os materialistas fazem de mal inoculando, com seus sofismas, o veneno da incredulidade! Jamais amaram, de outro modo poderiam ver com sangue frio os objetos de sua afeição reduzidos a um montão de pó? Também é para eles que Deus parece reservar seus maiores rigores, porque os vemos todos reduzidos à mais deplorável posição no mundo dos Espíritos, e Deus é tanto menos indulgente para aqueles que estiveram mais na posição de se esclarecerem".

34
APOLOGIA DA CRUZ

O calvário do Cristo é a nossa rebeldia em seguir-Lhe os ensinos

"Ora, vós sois o corpo do Cristo e cada um em particular sois membros dele."
Paulo. (I Cor., 12:27.)

Necessário se faz amadurecer as reflexões em torno do verdadeiro martírio de Jesus, a fim de separar-se a ficção da realidade, vez que um observador menos atento e propenso a análises ligeiras tende, por força das tradições, a conclusões equivocadas crendo que o maior sofrimento de Jesus foi o drama do Gólgota... Não foi!

Sem pretendermos minimizar Suas acerbas dores naquela ocasião, devemos convir que tal martírio era infligido de maneira abundante naqueles tempos perversos. Contam os fastos históricos que em apenas um só dia foram crucificadas mais de três mil pessoas juntas.

Se ficarmos somente na apologia da cruz estaremos diminuindo o mérito de Jesus, pois todos os condenados que assim pereceram sofreram de igual modo e alguns até mais, pois se demoravam a morrer quebravam-lhes as pernas e, sem ponto de apoio para o corpo, a respiração era extremamente dificultada. Se ainda assim não morriam, provocavam fumaça debaixo da cruz, levando à morte por penosa asfixia em superlativa aflição. Jesus morreu antes disso. Entendemos que o Seu sofrimento maior foi encarnar neste planeta de sombras.

Podemos até mesmo afirmar, coerentemente com a verdade, que o sofrimento de Jesus continua até hoje, na medida em que Ele observa que os conhecedores de Seu Evangelho *não o praticam*. Este sim, foi e continua sendo o Seu interminável calvário. Até quando?!

Mas o ser humano, fértil em despautérios e obtusidade mental, com imensas dificuldades em promover a reforma estrutural íntima, optou por um caminho mais fácil, querendo aproveitar o sangue de Jesus para lavar seus pecados (!!?). Ora, o sangue que vai lavar nossos débitos para com as Leis Divinas é o nosso mesmo, repetidamente derramado quantas vezes sejam necessárias nas múltiplas reencarnações expiatórias!

Chamou-nos a atenção esta frase de uma criança: *"Lá na casa da vovó tem um Jesus todo machucado!"* Num *flashback* vislumbramos também, no recôndito de nossa mente, essa imagem machucada! A figura de Jesus que nossos avoengos nos passaram realmente mostra um homem todo machucado e paralisado na cruz. Quantas vezes, quando criança, ficávamos aterrorizados com a impressionante e deprimente imagem de Nosso Senhor dos Passos, utilizada nas procissões da dita *"Semana Santa"*! Essa era a imagem de Jesus que nos mostravam!...

Já o Espiritismo nos mostra Jesus de maneira completamente oposta, uma vez que não desperta medo e tampouco inflige terror: despregado da cruz, amigo, aconchegante, dinâmico, trabalhador, além de incomparável companheiro incondicional de todas as horas. É o Jesus que diz: *"Não me escolhestes vós a mim, mas eu vos escolhi a vós; não vos deixarei órfãos, voltarei para vós; ninguém tem maior amor do que este: de dar alguém a vida pelos seus amigos; tenho-vos chamado amigos; Pai, aqueles que me deste quero que, onde eu estiver, também eles estejam comigo; minha mãe e meus irmãos são aqueles que ouvem a palavra de Deus e a executam; Jerusalém, Jerusalém, que matas os profetas! Quantas vezes quis eu ajuntar os teus filhos, como a galinha os seus pintainhos debaixo das asas; porque o Filho do Homem veio buscar e salvar o que se havia perdido; deixo-vos a paz, a minha paz vos dou; se pedirdes alguma coisa em meu nome, eu o farei; e eu dei-lhes a glória que a mim me deste, para que sejam um, como nós somos um; e eu lhes fiz conhecer o Teu nome, e lhO farei conhecer mais; vou preparar-vos lugar... "*, etc.

Desarraiguemos de nossa mente as cenas de martírio de Jesus como no-las mostram o mundo, que se prestam hoje à exploração turística numa tresloucada simonia. Aquela imagem machucada não é compatível com a realidade dinâmica de quem trabalha permanentemente. Jesus não tem nada de impotência, inércia e tampouco está sentado em trono algum. Ele está de pé, e é todo dinamismo, alegria, trabalho, amor, doçura, caridade, abnegação, ternura, afeto, dedicação, paciência, conhecimento, devotamento... Seus braços já foram despregados há dois mil anos e, se Ele já não se encontra mais na cruz, por que cristalizar Sua imagem naquele ignominioso instrumento de tortura e morte?

"Meu Pai trabalha até hoje, e eu também". Como poderia Ele trabalhar com os braços eternamente pregados? De forma alguma podemos mentalizar Jesus desse modo paralítico e sanguinolento. Seus braços passaram a ser os nossos braços, embora em condições precárias, mas traduzindo o amor na prática, na ação... Isto se comprova quando Paulo de Tarso afirma que somos, em particular, membros do Mestre. Assim, onde estivermos, atendamos ao impositivo de nossas tarefas, convencidos de que nossas mãos substituem as do Celeste Amigo, ainda que dentro da precariedade de nossas limitações. O Senhor age em nós a favor de nós... Lembremo-nos de Suas palavras: *"Quem quiser vir após mim, renuncie a si mesmo, tome sua cruz e siga-me."* Ai está o nosso roteiro: renunciar à vaidade, ao egoísmo, ao orgulho, ao personalismo e assumir nossa responsabilidade pelos equívocos escabrosos do pretérito, resgatando-os em função do amor a ser dedicado aos inúmeros filhos do Calvário à nossa volta.

35
RELIGIÃO & VIDA FUTURA

O Espiritismo descerra a realidade do Além-Túmulo

Segundo ensinamento muito lúcido de Kardec[123], "(...) a grande maioria das religiões apresentam, do futuro da alma, e o impõem à crença de seus adeptos, um quadro que somente a fé cega pode aceitar, visto que não suporta exame sério. Ligado aos seus dogmas, às ideias que nos tempos primitivos se faziam do mundo material e do mecanismo do Universo, o destino que elas atribuem à alma não se concilia com o estado atual de conhecimentos".

Já a Doutrina Espírita explica de maneira lógica e insofismável não só a questão da origem desde a mitológica e lendária figura de Adão, como também esclarece, da mesma forma, sobre o destino da Humanidade em marcha...

Ensina ainda o Mestre Lionês[124] que "(...) as leis antropológicas demonstram a impossibilidade de se encontrar em Adão a paternidade da raça humana. Isso sem falar dos documentos autênticos da história chinesa, os quais provam que a população do globo remonta a uma época bem anterior à que a cronologia bíblica assinala a Adão".

Afirmando que *"A Casa do Pai tem muitas moradas"*[125], Jesus mostra a solidariedade universal que permite as emigrações e imigrações de Espíritos nas infinitas Unidades Planetárias da imensa *"Casa"* do Pai que é o Universo. Portanto, há que se compreender – logicamente – que Adão é tão somente o representante de uma dessas raças proveniente de outro sistema planetário que – em determinado tempo – emigrou para Terra. Assim como aqui chegou, tão logo tenha realizado o progresso esperado, emigrará para outro planeta mais adequado ao progresso realizado, continuando, dessa forma, a sua trajetória evolutiva de constante ascensão... Desse modo, descortinam-se, então, os painéis do Infinito.

---

123 - KARDEC, Allan. A Gênese. 43.ed.Rio de Janeiro:FEB, cap. 4, item 13, p. 91.

124 - KARDEC, Allan. Revue Spirite. Janeiro de 1862. Araras: IDE, 1993, p. 7.

125 - João 14:2.

Complementa o ilustre Filho de Lyon[126]: "(...) A religião ainda nos ensina que seremos felizes ou desgraçados, conforme ao bem ou ao mal que houvermos feito. Que vem a ser, porém, essa felicidade que nos aguarda no seio de Deus?! Será uma beatitude, uma contemplação eterna, sem outra ocupação mais do que entoar louvores ao Criador? As chamas do inferno serão uma realidade ou um símbolo? A própria Igreja lhes dá esta última significação; mas, então que são aqueles sofrimentos? Onde esse lugar de suplício? Numa palavra, que é o que se faz, que é o que se vê, nesse outro mundo que a todos nos espera? Dizem que ninguém jamais voltou de lá para nos dar informações.

É erro dizê-lo e a missão do Espiritismo consiste precisamente em nos esclarecer acerca desse futuro, em fazer com que, até certo ponto, o toquemos com o dedo e o penetremos com o olhar, não mais pelo raciocínio somente, porém, pelos fatos. Graças às comunicações espíritas, não se trata mais de uma simples presunção, de uma probabilidade sobre a qual cada um conjeture à vontade, que os poetas embelezem com suas ficções, ou cumulem de enganadoras imagens alegóricas. É a realidade que nos aparece, pois que são os próprios seres de além-túmulo que nos vêm descrever a situação em que se acham, relatar o que fazem, facultando-nos assistir, por assim dizer, a todas as peripécias da nova vida que lá vivem e mostrando-nos, por esse meio, a sorte inevitável que nos está reservada, de acordo com os nossos méritos e deméritos. Haverá nisso alguma coisa de antirreligioso?

Muito ao contrário, porquanto os incrédulos encontram aí a fé e os tíbios a renovação do fervor e da confiança. O Espiritismo é, pois, o mais potente auxiliar da religião. Se ele aí está, é porque Deus o permite e o permite para que as nossas vacilantes esperanças se revigorem e para que sejamos reconduzidos à senda do bem pela perspectiva do futuro".

---

126 - KARDEC, Allan. O Livro dos Espíritos. 83.ed.Rio [de Janeiro]: FEB, 2002, q. 148, § 4º e 5º (explicação).

36
SEMENTEIRA DE LUZ

Moisés abriu o caminho; Jesus continuou a obra; o Espiritismo a concluirá

"Lançai a foice, porque já está madura a seara; vinde, descei, porque o lagar está cheio, os vasos dos lagares transbordam; porquanto a sua malícia é grande."
Joel, 3:13

Examinando o proscênio terrestre na atualidade, detectamos em toda parte a urgente necessidade de providências e cuidados de várias categorias no sentido de se restabelecer a ordem, a harmonia, a disciplina – enfim, arrumar tudo que sofreu os efeitos devastadores dos vendavais chamados egoísmo, intemperança e interesses subalternos... Por outro lado, a solução que se apresenta para debelar todo o mal jaz esquecida e negligenciada no trato das relações humanas: *O Evangelho de Jesus.*

Concluímos que a Humanidade apresenta-se como um campo sáfaro, pleno de cardos, no qual será necessário todo o empenho do lavrador para alcançar as searas sazonadas: aqui o solo apresenta-se seco, acolá o charco insulta com seus miasmas pestilenciais, e sobram espinheiros, pragas, enfermidades... Por isso a aspereza de muitas almas, o vício triunfante, os golpes da ingratidão, a hostilidade ambiente, a sombra da ignorância, a necessidade das criaturas – carências de variegado matiz –, corrupção, violência, insanidades... A reversão de todo este quadro passa pela urgente adoção da moral evangélico-cristã em todos os seus desdobramentos, visto que os ensinos de Jesus têm o condão de aproximar as criaturas umas das outras e fazer cessar as guerras, com restabelecimento da solidariedade comum. O Espiritismo terá, aí, papel fundamental!

Afirma um Espírito israelita[127]: *"São chegados os tempos em que se hão de desenvolver as ideias, para que se realizem os pro-*

127 - KARDEC, Allan. O Evangelho Seg. o Espiritismo. 129.ed. Rio [de Janeiro]: FEB, 2009, cap. I, item 9.

gressos que estão nos desígnios de Deus. Têm elas de seguir a mesma rota que percorreram as ideias de liberdade, suas precursoras. Não se acredite, porém, que esse desenvolvimento se efetue sem lutas. Não; aquelas ideias precisam, para atingirem a maioridade, de abalos e discussões, a fim de que atraiam a atenção das massas. Uma vez isso conseguido, a beleza e a santidade da moral tocarão os espíritos, que então abraçarão uma ciência que lhes dá a chave da vida futura e descerra as portas da felicidade eterna. Moisés abriu o caminho; Jesus continuou a obra; o Espiritismo a concluirá."

Portanto, os seareiros do Cristo devemos estar sempre conscientes das obrigações e deveres, fazendo *"ouvidos moucos"* ao desânimo, à queixa, ao desespero e à censura, abraçando – firme e incansavelmente – o trabalho, servindo em silêncio e em paz.

37
O MAIOR MILAGRE DE JESUS

Ao revelar novas leis, a Ciência foi restringindo o espaço do maravilhoso

"Não sendo necessários os milagres para a glorificação de Deus, nada no Universo se produz fora do âmbito das Leis Gerais."
Allan Kardec[128]

Com sua habitual didática e insofismável lógica, Kardec discorre largamente sobre a questão dos "*milagres*", mais especificamente no livro básico intitulado: "*A Gênese*".

Vejamos, para ampliar nossa compreensão sobre esses fatos, alguns tópicos abordados pelo ínclito Mestre Lionês[128]: "*Deus não realiza milagres, porque sendo, como são perfeitas as Suas Leis, não Lhe é necessário derrogá-las. Se há fatos que não compreendemos, é que ainda nos faltam os conhecimentos necessários aos seus entendimentos. Admitido que Deus houvesse alguma vez, por motivos que nos escapam, derrogado Leis por Ele estabelecidas, tais Leis já não seriam imutáveis*".[129]

Completa Kardec[130]: "Os fatos que o Evangelho relata e que foram até hoje considerados milagrosos pertencem, na sua maioria, à ordem dos fenômenos psíquicos, isto é, dos que têm como causa primária as faculdades e atributos da alma. A História registra outros, análogos, em todos os tempos e no meio de todos os povos, pela razão de que, desde que há almas encarnadas e desencarnadas, os mesmos efeitos forçosamente se produziram. Pode-se, é certo, contestar, no que concerne a este ou aquele ponto, a

128 - KARDEC, Allan. A Gênese. 43.ed. Rio: FEB, 2003, cap. XIII, item 15.

129 - Idem, ibidem, cap. XIII, item 16.

130 - Idem, ibidem, cap. XV, item 1.

veracidade da História; mas hoje, eles se produzem às nossas vistas e, por assim dizer, à vontade e por indivíduos que nada têm de excepcionais. O só fato de reprodução de um fenômeno, em condições idênticas, basta para provar que ele é possível e se acha submetido a uma lei, não sendo, portanto, miraculoso.

O princípio dos fenômenos psíquicos é que constitui o agente magnético; nas manifestações da vida espiritual durante a vida corpórea e depois da morte; e finalmente, no estado constitutivo dos Espíritos e no papel que eles desempenham como força ativa da Natureza. Conhecidos esses elementos e comprovados os seus efeitos, tem-se, como consequência, de admitir a possibilidade de certos fatos que eram rejeitados enquanto se lhes atribuía uma origem sobrenatural..."

ACABOU-SE A ERA DOS MILAGRES

"(...) Foram fecundos em milagres os séculos de ignorância, porque se considerava sobrenatural tudo aquilo cuja causa não se conhecia. À proporção que a Ciência revelou novas leis, o círculo do maravilhoso se foi restringindo; mas, como a Ciência ainda não explorara todo o vasto campo da Natureza, larga parte dele ficou reservada para o maravilhoso.

Expulso do domínio da materialidade, pela Ciência, o maravilhoso encastelou-se no da espiritualidade, onde encontrou o seu último refúgio. Demonstrando que o elemento espiritual é uma das forças vivas da Natureza, força que incessantemente atua em concorrência com a força material, o Espiritismo faz que voltem ao rol dos efeitos naturais os que dele havia saído, porque, como os outros, também tais efeitos se acham sujeitos a leis. Se for expulso da espiritualidade, o maravilhoso já não terá razão de ser e só então se poderá dizer que passou o tempo dos milagres.

O Espiritismo, pois, vem a seu turno, fazer o que cada Ciência fez no seu advento: revelar novas leis e explicar, conseguintemente, os fenômenos compreendidos na alçada dessas leis.

(...) Por que faria [Deus] milagres? Para atestar o Seu poder, dizem. Mas o poder de Deus não se manifesta de maneira muito mais imponente pela grandiosa harmonia do conjunto das obras da Criação (...)? Por que querer rebaixá-lO à condição de um vulgar prestímano[131] cuja habilidade maior é o engodo? [132]

Mas, se Deus não faz milagres, Jesus fez. Na verdade Jesus operou um grande milagre que atesta a Sua superioridade. O '*milagre*' realizado por Jesus[133] '*(...) foi a revolução que Seus ensinos produziram no Mundo, mau grado à exiguidade dos Seus meios de ação*'.

Com efeito, Jesus, obscuro, pobre, nascido na mais humilde condição, no seio de um povo pequenino, quase ignorado e sem preponderância política, artística ou literária, apenas durante três anos prega a Sua Doutrina; em todo esse curto espaço de tempo é desatendido e perseguido pelos seus concidadãos; vê-Se obrigado a fugir para não ser lapidado; é traído por um de Seus apóstolos, renegado por outro, abandonado por todos no momento em que cai nas mãos dos Seus inimigos. Só fazia o Bem e isso não O punha ao abrigo da malevolência, que dos próprios serviços que Ele prestava tirava motivos para acusá-lO. Condenado ao suplício que só aos criminosos era infligido, morre ignorado do Mundo, visto que a História daquela época nada diz a Seu respeito.

Nada escreveu; entretanto, ajudado por alguns homens tão obscuros quanto Ele, Sua palavra bastou para regenerar o Mundo; Sua Doutrina matou o paganismo onipotente e se tornou o facho da civilização. Tinha contra Si tudo o que causa o malogro dos homens e suas obras, razão por que dizemos que o triunfo alcançado pela Sua Doutrina foi o maior de Seus "*milagres*", ao mesmo tempo que prova ser divina a Sua missão.

Se, em vez de princípios sociais e regeneradores, fundados sobre o futuro espiritual dos homens, Ele apenas houvesse legado à posteridade alguns fatos maravilhosos, talvez hoje mal O conhecessem de nome".

---

131 - Indivíduo que possui muita habilidade e destreza com as mãos; prestidigitador.

132 - KARDEC, Allan. A Gênese. 43.ed. Rio: FEB, 2003, cap. XIII, itens 2, 3 e 15.

133 - Idem, ibidem, cap. XV, item 63.

38
JOSÉ: O ESQUECIDO E INJUSTIÇADO PAI BIOLÓGICO DE JESUS

José da Galileia foi um homem tão profundamente espiritual que seu vulto sublime escapa às análises limitadas

"Desde o momento da concepção até o nascimento, tudo se passa, pelo que respeita à mãe de Jesus, como nas condições ordinárias da Vida".
Allan Kardec[134]

Kardec deixou assentada de maneira clara e insofismável a questão da natureza biológica de Jesus, ao afirmar[135]: "A estada de Jesus na Terra apresenta dois períodos: o que precedeu e o que se seguiu à Sua morte. No primeiro, desde o momento da concepção até o nascimento, tudo se passa, pelo que respeita à Sua mãe, como nas condições ordinárias da vida. Desde o Seu nascimento até à Sua morte, tudo, em Seus atos, na Sua linguagem e nas diversas circunstâncias da Sua vida, revela os caracteres inequívocos da corporeidade. Depois de Sua morte, ao contrário, tudo n`Ele revela o Ser fluídico. É tão marcada a diferença entre os dois estados que não podem ser assemelhados.

(...) o Espírito, sem corpo material, não pode experimentar os sofrimentos, visto que estes resultam da alteração da matéria, donde também forçoso é se conclua que, se Jesus sofreu materialmente, do que não se pode duvidar, é que Ele tinha um corpo material de natureza semelhante ao de toda gente.

Aos fatos materiais juntam-se fortíssimas considerações morais: se as condições de Jesus, durante a Sua Vida, fossem as dos seres fluídicos, Ele não teria experimentado nem a dor, nem as

134 - KARDEC, Allan. A Gênese. 43.ed. Rio [de Janeiro]: FEB, 2003, cap. XV, item 65.

135 - Idem, ibidem, cap. XV, item 65 e 66.

necessidades do corpo. Supor que assim haja sido é tirar-Lhe o mérito da vida de privações e de sofrimentos que escolhera, como exemplo de resignação. Se tudo n`Ele fosse aparente, todos os atos de Sua vida, a reiterada predição de Sua morte, a cena dolorosa do Jardim das Oliveiras, Sua prece a Deus para que Lhe afastasse dos lábios o cálice de amarguras, Sua paixão, Sua agonia, tudo, até ao último brado, no momento de entregar o Espírito, não teria passado de vão simulacro (...).

Jesus, pois, teve (antes de Sua morte) como todo homem um corpo carnal e (depois de Sua morte) um corpo fluídico, o que é atestado pelos fenômenos materiais e pelos fenômenos psíquicos que Lhe assinalaram a existência".

Só mesmo o apoucamento intelectual existente na Idade Média poderia admitir a intervenção do *"Espírito Santo"* para engravidar Maria, Sua mãe!... Tal teoria, imposta a ferro e fogo pelos Pais da Igreja, tinha como escopo criar uma mística em torno da figura de Jesus. O pior é que, em plena era espacial e dos clones, uma ideia que corresponderia a uma aberração genética ainda perdure, nutrida pela ignorância e ingenuidade dos cultores do misticismo igrejeiro, uma vez que é surpreendente como existem simpatizantes que a acoroçoam e, (pasmem!) mesmo dentro do movimento espírita há quem a professe, em verdadeiro acinte e desobediência às instruções claríssimas de Allan Kardec.

Nosso confrade João Cuin escreveu[136]:

"(...) José, esposo de Maria, Espírito Superior, tanto quanto o de Maria (quem sabe até mais), que encarnou com missão igualmente específica, ficou esquecido e apagado na memória do povo. Mesmo as poucas referências que a ele são feitas só se verificam por causa de Maria, isto é, só para enaltecer a genitora carnal de Jesus. Mas por que ocorreu isto? Simplesmente porque José era homem e, como tal, não interessava a religiosos masculinos que ansiavam por um ser feminino, complemento sentimental de suas vidas – mesmo porque viviam em regime de celibato forçado, apartados das alegrias domésticas de um casamento feliz... Mas não conseguiram sufocar em si mesmos o impulso natural do sexo (coisa absolutamente normal em criaturas do nosso nível evoluti-

136 - João Cuin. Jornal "Flama Espírita". Uberaba. Edição do mês de dezembro/2000.

vo) e, por um processo psicológico de transferência afetiva, fizeram sobressair a figura feminina de Maria, cujas feições doces e fascinantes representavam o protótipo de esposa por todos ideada. Transformaram-na, então, num mito, um ser intocável, quando na realidade ela foi uma mulher comum, tecelã, digna esposa e extremosa mãe prolífica, mais preocupada com os filhos da sua carne do que com a missão de Jesus".

Palavras de Kardec[137]: *"(...) Deve-se convir que Maria, a mãe de Jesus, não fazia ideia muito exata da missão do Filho, pois não se vê que Lhe tenha nunca seguido os ensinos, nem dado testemunho dele, como o fez João Batista..."*

Continuemos com o texto de Cuin [136]: "(...) Maria era, sobretudo, um meigo coração de mulher-mãe, e José um esposo e pai digníssimo, talvez como poucos tenha o mundo conhecido.

Arte e engenho de mentes corrompidas entenderam de achar o sexo coisa pecaminosa e imunda. Com isso abominaram o casamento, desmerecendo a mulher, por situá-la em posição de indignidade (a prevaricação da mulher, segundo essas mesmas mentes obtusas, começou no remotíssimo *"Paraíso"*, com Eva convencendo Adão, o ingênuo, a comer o fruto proibido). Tais *"pensadores"* não se aperceberam de que *"o sexo fez e criou o nome de mãe"*, como nos lembra Emmanuel.

Podemos, se o quisermos, enaltecer Maria, a meiga mãezinha de Jesus, sem qualquer necessidade de diminuir as demais mulheres, dignas mães e esposas que são, e nem tampouco esquecer a personalidade ímpar de José. Maria não fica menor e menos veneranda por ser vista na posição de esposa e mãe normal que ela foi. Somente o falso moralismo conseguiria ver indignidade nas sagradas funções do sexo. É preciso respeitar a mulher em qualquer situação em que esteja e em toda posição que ocupe no mundo, reconhecendo e honorificando sua condição de tutora da vida na Terra!

Em que pese à possibilidade e de futura prova em contrário, dizer que Maria, por conceber Jesus, não coabitou com José é colocar nos ombros da mulher fardo pesado demais. Que todos

---

137 - KARDEC, Allan. O Evangelho Seg. o Espiritismo. 125.ed. Rio [de Janeiro]: FEB, 2006, cap. XIV, item 7, § 3º.

tenhamos suficiente coragem de pôr fim a qualquer forma discriminatória e preconceituosa contra a mulher, a começar pelas religiões, reconhecendo no sexo um santuário divino do nascimento de Jesus".

Em belíssima página de Emmanuel, que nos foi ofertada pelo confrade Edison Mega, o nobre mentor de Chico Xavier narra, sobre esse Espírito de escol que foi José da Galileia – sem sombra de dúvidas o pai biológico de Jesus – , o seguinte: "Em geral, quando nos referimos aos vultos masculinos que se movimentam na tela gloriosa da missão de Jesus, atendemos para a precariedade dos seus companheiros, fixando, quase sempre, somente os derradeiros quadros de Sua passagem pelo mundo. É preciso, porém, observar que, a par de beneficiários ingratos, de ouvintes indiferentes, de perseguidores cruéis e de discípulos vacilantes, houve um homem integral que atendeu a Jesus, hipotecando-lhe o coração sem mácula e consciência pura: José da Galileia. Ele foi um homem tão profundamente espiritual que seu vulto sublime escapa às análises limitadas de quem não pode prescindir do material humano para um serviço de definições... Já pensaste no Cristianismo sem ele? Quando se fala excessivamente em falência das criaturas, recordemos que houve tempo no qual Maria e o Cristo foram confiados pelas Forças Divinas a um homem. Entretanto, embora honrado pela solicitação de um anjo, nunca se vangloriou de dádiva tão alta!...

Não obstante contemplar a sedução que Jesus exercia sobre os doutores, nunca abandonou a sua carpintaria. O mundo não tem outras notícias de suas atividades senão aquelas de atender às ordenações humanas, cumprindo um édito de César e as que no-lo mostram no templo e no lar, entre a adoração e o trabalho... Sem qualquer situação de evidência, deu a Jesus tudo quanto podia dar. A ele deve o Cristianismo a porta da primeira hora, mas José passou no mundo dentro do divino silêncio de Deus".

39
JESUS PROVA QUE NÃO É DEUS

O que obedece não pode ser igual ao que manda

"Eu estou em meu pai e vós em mim e eu em vós".
Jesus (João, 14:20.)

Não podemos deduzir das palavras em epígrafe que Deus e Jesus sejam um só, porque então teríamos que admitir com as mesmas palavras que Deus e os Apóstolos são igualmente um só. Mas Jesus também afirmou[138]: "*Não vim de mim mesmo, mas fui enviado por Aquele que é verdadeiro e que vós não conheceis*".

Não há como ser mais claro: se Jesus não veio d`Ele mesmo, mas foi enviado, então Ele não é o próprio Deus, mas simplesmente o Seu Enviado.

Sigamos adiante com Kardec[139]: "(...) Desde os primeiros séculos a questão da natureza do Cristo foi debatida e pode-se dizer que ainda não se acha solucionada, pois que continua a ser objeto de discussão. Foi a divergência das opiniões sobre este ponto que deu origem à maioria das seitas que dividiram a Igreja há dezoito séculos, sendo de notar-se que todos os chefes dessas seitas foram bispos ou membros titulados do clero. Eram, por conseguinte, homens esclarecidos, muitos deles escritores de talento, abalizados na ciência teológica, que não achavam concludentes as razões invocadas a favor do dogma da divindade do Cristo. Entretanto, como hoje, as opiniões se firmaram mais sobre abstrações do que sobre fatos. Sobretudo, o que se procurou foi saber o que o dogma continha de plausível, ou de irracional, deixando-se, geralmente de um lado e de outro, de assinalar os fatos capazes de lançar sobre a questão uma luz decisiva.

---

138 - João 7:28.

139 - KARDEC, Allan. Obras Póstumas. 25.ed. Rio: FEB, 1990, p.p. 121-153.

Mas, onde encontrar esses fatos, senão nos atos e nas palavras de Jesus? Nada tendo Ele escrito, Seus únicos historiadores foram os apóstolos que, tampouco escreveram coisa alguma quando Ele ainda estava encarnado entre nós. Nenhum historiador profano, Seu contemporâneo, havendo falado a Seu respeito nenhum documento mais existe, além dos Evangelhos, sobre a Sua vida e a Sua doutrina. Aí somente é que se há de procurar a chave do problema. Todos os escritos posteriores, sem exclusão dos de S. Paulo, são apenas, e não podem deixar de ser, simples comentários ou apreciações, reflexos de opiniões pessoais, muitas vezes contraditórias, que, em caso algum, poderiam ter a autoridade da narrativa dos que receberam diretamente do Mestre as instruções.

(...) No exame que vamos fazer da questão da divindade do Cristo, pondo de lado as sutilezas da escolástica, que unicamente serviram para tudo embaralhar sem esclarecer coisa alguma, apoiar-nos-emos exclusivamente nas palavras do próprio Jesus, nas quais podemos ver que, ora em vida, ora depois de *"morto"*, revela uma dualidade de pessoas perfeitamente distintas, o mesmo que o profundo sentimento de Sua inferioridade e subordinação com respeito ao Ser Supremo.

Com Sua insistência em afirmá-lo espontaneamente, sem ser obrigado nem solicitado por ninguém, parece que quer protestar antecipadamente contra a hierarquia que, segundo prevê, se Lhe assinará com o tempo. Se tivesse guardado silêncio acerca do caráter de Sua personalidade, teria ficado aberto o campo a todas as suposições e sistemas; mas a precisão de Sua linguagem desvanece toda espécie de incerteza.

Que maior autoridade se pode encontrar senão nas próprias palavras de Jesus? Quando Ele disse categoricamente: Sou ou não sou tal coisa, quem será ousado o bastante para atribuir-se o direito de desmenti-lO, ainda que fosse para colocá-lO a maior altura em que Ele mesmo não Se coloca? Quem racionalmente pode crer-se mais ao corrente que o próprio Cristo acerca de Sua natureza? Que poderá prevalecer contra afirmações tão formais e múltiplas como – por exemplo – as seguintes: *'Não vim de mim mesmo, mas o que me enviou é o único Deus verdadeiro. Da parte d`Ele venho. Digo o que vi em meu Pai. Não me cabe a mim dá-lo, senão que será* *para aqueles a quem os tem preparado o meu Pai. Vou a meu Pai porque meu Pai é maior do que eu. Por que me chamais bom? Só Deus é bom. Não falo de mim mesmo, senão de meu Pai, que me enviou. É Ele que indica o que devo dizer. Minha Doutrina não é minha, mas é a Doutrina d`Aquele que me enviou. A palavra que tens ouvido não é minha, mas pertencem ao meu Pai que me enviou. Não faço nada por mim mesmo, digo apenas o que aprendi com meu Pai. Nada posso fazer por mim mesmo. Não busco a minha vontade, mas somente a vontade de Quem me enviou. Tenho lhes dito a verdade que aprendi com Deus. Minha comida consiste em fazer a vontade d`Aquele que me enviou. Vós que sois o único Deus verdadeiro, e Jesus Cristo a quem enviaste. Meu Pai, em Tuas mãos entrego meu Espírito. Meu Pai, se Te é possível, fazei que este cálice aparte-se de mim! Subo a meu Pai e a vosso Pai, a meu Deus e a vosso Deus'".*

Quando lemos semelhantes palavras, perguntamo-nos: como pode alguém dar um sentido diametralmente oposto ao que com tanta clareza expressam? Como pensar em conceber uma identificação completa de natureza e de poder entre o Senhor e o que Se confessa Seu servidor? Nestas contradições que já duram séculos, quais são os documentos capazes de produzir convicção? Os Evangelhos, já que, a respeito do ponto litigioso, não deixam lugar a dúvida alguma – posto que não existem outros documentos.

O que se opõe? A uma doutrina teórica puramente especulativa, nascida três séculos mais tarde, de uma polêmica sobre a natureza abstrata do Verbo, vigorosamente combatida durantes muitos séculos e que só pela pressão de um poder civil absoluto conseguiu prevalecer.

Quando disse: *"E vimos a glória d`Ele, glória como de Unigênito do Pai";* porque o que recebe não pode ser o que dá, e o que dá a glória não pode ser igual ao que a recebe.

Se Jesus é Deus, possui por Si mesmo a glória e não a espera de ninguém; se Deus e Jesus são um só ser sob diferentes nomes, não poderia existir entre Eles nem supremacia nem subordinação. Mas, uma vez que não há paridade absoluta de posição, é porque são dois seres distintos. A qualidade de Messias ou Enviado que Lhe é facultada na totalidade dos Evangelhos implica uma posição subordinada com relação ao que O envia – aquele que obedece não pode ser igual ao que manda. João caracteriza esta posição secundária, e portanto, estabelece a dualidade de pessoas.

A qualificação de Messias Divino tampouco implica igualdade entre o mandatário e o mandante, como a de enviado real não a implica entre o rei e seu representante. Jesus era um Messias Divino pelo duplo motivo de que havia recebido de Deus Sua missão, e que Suas perfeições O colocavam em relação direta com Deus.

Em muitas ocasiões, Jesus reconhece Sua inferioridade perante Deus em termos que tornam impossível qualquer dúvida. Muitas vezes também Ele Se chama a Si mesmo de *"Filho do Homem"*, e é evidente que a qualificação *"Filho do Homem"*, quer dizer que Ele nasceu do homem por oposição ao que está fora da Humanidade.

Jesus Se dá a Si mesmo esta qualificação com uma persistência notável, posto que só muito raramente Se chama *"Filho de Deus"*. Portanto, em Seus lábios não pode ter outro significado que o de recordar que também Ele pertence à Humanidade".

40
OS DESEJOS DO ANO NOVO

A sementeira das ideias novas é imperecível

Por ocasião da passagem do ano de 1861 para 1862, Allan Kardec escreveu[140] uma carta aos espíritas lioneses retribuindo os votos de um feliz ano novo. O conteúdo ainda é de plena atualidade e merece, portanto, exame minucioso de nossa parte. Vejamos:

"(...) Eu vos agradeço, meus bons amigos, pelos votos que formulais por mim; eles me são tanto mais agradáveis quanto sei que partem do coração, e são aqueles que Deus escuta. Ficai, pois, satisfeitos, porque Ele os atende cada dia, dando-me a alegria inaudita no estabelecimento de uma nova Doutrina, de ver aquela a que me devotei crescer e prosperar, enquanto vivo, com uma maravilhosa rapidez.

Considero como um grande favor do Céu ser testemunha do bem que ela já fez. Esta certeza, da qual recebo diariamente os mais tocantes testemunhos, me paga com usura todas as minhas dificuldades e todas as minhas fadigas; não peço a Deus senão uma graça, que é a de me dar a força física necessária para ir até o fim de minha tarefa, que está longe de ser terminada; mas, o que quer que ocorra, terei sempre o consolo de estar seguro de que a semente das ideias novas, agora difundida por toda a parte, é imperecível; mais feliz do que muitos outros, que não trabalharam senão para o futuro, foi-me dado ver-lhe os primeiros frutos. Se uma coisa lamento, é que a exiguidade de meus recursos pessoais não me permita colocar em execução os planos que concebi para o seu adiantamento ainda mais rápido; mas se Deus, em Sua sabedoria, acreditou dever isso decidir de outro modo, legarei esses planos aos meus sucessores que, sem dúvida, serão mais felizes. Apesar da penúria dos recursos materiais, o movimento que se opera na opinião superou toda esperança; crede bem, meus irmãos, que nisso vosso exemplo não terá sido sem influência. Recebei, pois,

---

140 - KARDEC, Allan. Revue Spirite. Fevereiro de 1862. Araras: IDE, 1993.

nossas felicitações pela maneira pela qual sabeis compreender e praticar a Doutrina. Sei o quanto são grandes as provas que muitos, dentre vós, tereis que suportar; só Deus lhes conhece o fim neste mundo; mas também que força a fé no futuro dá contra a adversidade! Oh! Lamentai aqueles que creem no nada depois da morte, porque para eles o mal presente não tem compensação. O incrédulo infeliz é como o doente que não espera nenhuma cura; o Espírita, ao contrário, é como aquele que está doente hoje e que sabe que amanhã estará bem.

(...) No ponto em que hoje as coisas estão, e ao ver a marcha do Espiritismo através dos obstáculos semeados sobre o seu caminho, pode-se dizer que as principais dificuldades estão vencidas; ele tomou seu lugar e está assentado sobre bases que desafiam, doravante, os esforços de seus adversários.

Pergunta-se como uma Doutrina que nos torna felizes e melhores, pode ter inimigos; isso é muito natural: o estabelecimento das melhores coisas, no começo, fere sempre interesses; não foi assim com todas as invenções e descobertas que fizeram revolução na indústria? As que hoje são olhadas como benefícios, sem os quais não se poderia mais se passar, não tiveram inimigos obstinados? Toda lei que reprime os abusos, não tem contra si aqueles que vivem dos abusos? Como quereríeis que uma Doutrina, que conduz ao reino da caridade efetiva, não seja combatida por todos aqueles que vivem do egoísmo; e sabeis o quanto são estes numerosos sobre a Terra! No princípio, esperaram matá-la pela zombaria; hoje veem que essa arma é impotente, e que sob o fogo constante dos sarcasmos continuou seu caminho sem tropeçar; não credes que eles irão se confessar vencidos; não, o interesse material é mais tenaz; reconhecendo que é uma força com a qual, doravante, é preciso contar, vão lhe travar assaltos mais sérios, mas que não servirão senão para melhor provar sua fraqueza. Uns atacarão abertamente, em palavras e em ações, e a perseguirão até na pessoa de seus adeptos, que tentarão desencorajar à força de tormentos, ao passo que outros, ocultamente e por caminhos deturpados, procurarão miná-la surdamente. Tende, pois, por advertidos de que a luta não terminou. Estou prevenido de que vão tentar um supremo esforço; mas não tenhais medo: a garantia do sucesso está nesta divisa, que é a de todos os verdadeiros Espíritas: '*Fora da caridade não há salvação*'. Arvorai-a claramente, porque ela é a cabeça de Medusa para os egoístas.

A tática já usada pelos inimigos dos Espíritas, mas que vão empregar com um novo ardor, é a de tentar dividi-los, criando sistemas divergentes e suscitando, entre eles, a desconfiança e a inveja. Não vos deixeis prender na armadilha, e tende por certo que quem procura, por um meio qualquer que seja, romper a boa harmonia, não pode ter uma boa intenção. É por isso que vos convido a colocardes a maior circunspeção na formação de vossos grupos, não somente para vossa tranquilidade, mas no próprio interesse de vossos trabalhos.

A natureza dos trabalhos espíritas exige a calma e o recolhimento; ora, não há recolhimento possível se se distrai por discussões e a expressão de sentimentos malévolos. Não haverá sentimentos malévolos, se houver fraternidade; mas não pode aí haver fraternidade com egoístas, ambiciosos e orgulhosos. Com orgulhosos que se melindram e se ofendem com tudo, ambiciosos que estarão frustrados se não tiverem a supremacia, egoístas que não pensam senão neles, a discórdia não pode tardar a se introduzir e, daí, a dissolução. É o que querem nossos inimigos, e é o que procurarão fazer. Se um grupo quer estar em condições de ordem, de tranquilidade e de estabilidade, é preciso que nele reine um sentimento fraternal. Todo grupo ou sociedade que se forma sem ter a caridade *efetiva* por base, não tem vitalidade; ao passo que aqueles que serão fundados segundo o verdadeiro espírito da Doutrina, se olharão como os membros de uma mesma família, que, não podendo todos habitar sob o mesmo teto, moram em lugares diferentes. A rivalidade entre eles seria um contrassenso; ela não poderia existir ali onde reina a verdadeira caridade, porque a caridade não pode se entender de duas maneiras.

Reconhecereis, pois, o verdadeiro Espírita pela prática da caridade em pensamentos, em palavras e em ações, e dizei-vos que, quem nutre em sua alma sentimentos de animosidade, de rancor, de ódio, de inveja ou de ciúme mente a si mesmo se pretende compreender e praticar o Espiritismo.

(...) Devo ainda vos assinalar uma outra tática de nossos adversários, que é a de procurar comprometer os Espíritas, impelindo--os a se afastarem do verdadeiro objetivo da Doutrina, que é o da moral, para abordarem questões que não são de sua alçada, e que poderiam, a justo título, despertar suscetibilidades sombrias. Não vos deixeis, não mais, vos prender nesta armadilha; afastai com cuidado, em vossas reuniões, tudo o que tem relação com a política e com questões irritantes; as discussões, sob esse assunto, não levariam a nada senão a vos suscitar embaraços, ao passo que ninguém pode achar de censurar a moral quando ela é boa. Procurai, no Espiritismo, o que pode vos melhorar, está aí o essencial; quando os homens forem melhores, as reformas sociais, verdadeiramente úteis, lhe serão a consequência muito natural; trabalhando para o progresso moral, possuireis os verdadeiros e os mais sólidos fundamentos de todos os melhoramentos, e deixais a Deus o cuidado de fazer as coisas chegarem a seu tempo. Ponde, pois, no próprio interesse do Espiritismo que é ainda jovem, mas que amadurece depressa, uma inabalável firmeza àqueles que procurarem vos arrastar num caminho perigoso.

Eis, meus amigos, os conselhos que vos dou e aos quais junto os meus votos para o ano que começa. Não sei quais provas Deus nos destina para este ano, mas sei que, quaisquer que sejam, vós a suportareis com firmeza e resignação, porque sabeis que, para vós como para o soldado, a recompensa é proporcional à coragem.

Por toda a parte o Espiritismo lançou semente fecundas, e seus filhos já se estendem as mãos acima das barreiras dos preconceitos, de seitas, de castas e nacionalidade".

CONCLUSÃO
CARTA ABERTA AOS ESPÍRITAS

Sem caridade não há salvação;
sem fraternidade não pode haver união!
Allan Kardec [141]

"Paz e amor sejam conosco!...

(...) Correndo os séculos e desenvolvendo-se o homem intelectualmente, Deus, em Sua sabedoria, achou que era chegado o momento de convidá-lo à meditação do Evangelho, esse precioso livro de Verdades Divinas, até então ensombrado pela letra, devido à deficiência da inteligência humana para compreendê-lo em Espírito...

Por toda a parte fez-se, então, a luz; revelou-se à Humanidade o Consolador prometido, recebendo os povos, de acordo com seus preparos morais e intelectuais, missões importantes, tendentes a acelerar a marcha triunfante da Boa Nova.

Todos foram chamados, em nenhum recesso da Terra deixou de apresentar-se o Consolador, em nome desse Deus de Misericórdia, que não quer a morte do pecador, que não quer o extermínio dos ingratos, mas, sim, reconsiderados dos desvarios de seus instintos!

(...) Infelizmente, porém, meus amigos, não pudestes compreender, ainda, a grande significação da palavra *"Fraternidade"*. Não é um termo, é um fato; não é uma palavra vã, é um sentimento, sem o qual vos achareis sempre fracos para essa luta, que não podeis medir, tal sua extraordinária grandeza!

Eu vos pergunto: pertenceis à *Fraternidade?* O vosso trabalho feito somente com o que interessa os vossos sentimentos, não pode

141 - Esta comunicação mediúnica de Allan Kardec (Espírito) que iluminou a iniciativa da criação de um Centro Diretor da Família Espírita Brasileira, (FEB) foi obtida em um grupo espírita e publicada pelo Dr. Bezerra de Menezes na coluna que ele assinava sob o pseudônimo de "Max", no século XIX, no jornal "O Paiz", do Rio de Janeiro, dirigido por Quintino Bocaiúva. Atualmente essa comunicação do Codificador do Espiritismo encontra-se completa nos capítulos 58 e 59 do livro: Espiritismo, Estudos Filosóficos. S.Paulo: FAE., 2001.

dar bons frutos. Sem método, sem ordem, sem disciplina, como requer a Doutrina que esposastes, só pode trazer espinhos para dilacerar vossas almas, dores pungentes para vossos Espíritos; por isso, que, desvirtuando os princípios que são nela determinados, dá entrada constante àqueles que, encontrando-vos desunidos pelo egoísmo, pelo orgulho, pela vaidade, facilmente, vos acabrunha com todo o peso de sua iniquidade.

(...) Será possível que, à semelhança das cinco virgens pouco zelosas, tenhais perdido todo o cuidado de vossa paz, e descanseis como as outras que não dormem, e aguardam, ansiosamente, a vinda de seu Senhor? Se for assim, em que consiste o aproveitamento das lições que constantemente vos são dadas, com o fim de tornar uma verdade a vossa vigilância, e uma santidade a vossa oração?! Se for assim, onde os frutos desse labor fecundo de todos os dias, de vossos amigos de além-túmulo, se não foram por vós dirigidos?! Acaso apodreceram, roídos pela traça, tocados pela ferrugem dos vossos repletos arquivos de comunicações?!

Mas, se é assim, e agora não se pode voltar mais, porque já tendes a mão sobre o arado, onde a segurança de vossa fé, a estabilidade de vossa crença, se, entregues a vós mesmos, julgando-vos senhores de grandes conhecimentos doutrinários, afastais, pela prática das vossas obras, aqueles que hoje têm procurado, incessantemente, colocar-vos debaixo do grande lábaro: Deus, Cristo e Caridade?! (...) Onde o interesse real para a Doutrina e seu desenvolvimento quando pregais a fraternidade, e vos dividis, cheios de dissensões? Onde, portanto, a vantagem?

(...) Meus amigos! Eu sei quanto é doloroso tudo o que vos digo, por isso cada um dos meus pensamentos é uma dor que repassa, profundamente, meu Espírito; eu sei que nas vossas consciências está perfeitamente cravado todo o peso destas verdades que vos digo, mas eu vos disse, ao começar: Nós temos responsabilidades e compromissos dos quais procuramos desobrigar-nos, pelos meios ao nosso alcance.

Se completa não está nossa missão na Terra, se mereço, ainda, as bênçãos do Senhor, de esclarecer a Doutrina que me foi revelada na Terra, dando-vos novos conhecimentos permitidos ao desenvolvimento de vossas inteligências; e, se vejo que, cada dia que se passa em vossa existência, iluminada pela sublime luz da revelação, sem haverdes produzido um trabalho à altura do recurso que vos foi concedido, é motivo de escândalo às vossas próprias consciências, devo usar desta linguagem rude do amigo, a fim de que possais, compenetrados dos vossos deveres de cristãos e de Espíritas, unir-vos num grande agrupamento fraterno, onde, revigorados pelo mútuo apoio possais produzir uma grande revolução na Humanidade, não só quanto à parte da Ciência e da Religião como também dos costumes!

(...) Fazei a luz pelo esforço do vosso trabalho; iluminai todo o ser com a doce claridade das virtudes; disciplinai-vos pelos bons costumes e, agora, sim, distribuí a luz, ela vos pertence! E vos pertence, porque é um produto sagrado do vosso esforço, uma brilhante conquista do vosso Espírito, empenhado nas lutas sublimes da verdade. Evidentemente, fora destes termos, podeis produzir trabalhos que determinem a embriaguez da vista, nunca, porém, que falem, sinceramente, ao coração! A luz não foi feita para se colocar debaixo do alqueire, e não vem ao caso, e não tem aplicação, porque vós não tendes luz própria.

(...) Fora desta convenção é possível que as plantas cresçam nos vossos grupos, mas é bem possível, também, que seus frutos sejam bastante amargos, bastante venenosos, determinando, ao contrário do que devia ser, a morte moral do vosso Espírito, a destruição, pela base, do vosso templo de trabalho.

Se o Evangelho, realmente, não se tornar, em vosso Espírito, uma luz, quem poderá socorrer-vos, se a revelação tende a absorver todas as consciências, emancipando vosso século? Se o Evangelho, em vossas mãos, apenas, tem a serventia dos livros profanos, que deleitam a alma, embriagam o pensamento, quem vos poderá socorrer, no momento, dada essa revolução planetária, que já se faz sentir, dando o domínio da Terra aos bons, preparados para seu desenvolvimento, bem como transmigrando os obcecados e endurecidos para o mundo que lhes for próprio?

O que será de vós, quem vos poderá socorrer, se à lâmpada de vosso Espírito faltar o elemento da luz, com que possais ver a chegada de Jesus, para testemunhar o valor dos bons e a fraqueza dos maus e dos ingratos?

Se fostes chamados às bodas do filho do vosso rei, por que não tomais, em vossos Espíritos, as roupagens dignas do banquete, trocando conosco o brinde do amor e da caridade, pelo feliz consórcio do Cristo com seu povo?

Se tudo está preparado e só faltam os convivas, por que cedeis vosso lugar aos coxos, aos estropiados, que virão, como os últimos, a serem os primeiros na mesa farta da caridade divina?

Mas é possível que nos preparemos para esses tempos que chegam vivendo cheios de dissensões e de lutas, como se não constituíssemos uma única família, tendo como regência dos nossos atos e dos nossos sentimentos uma única Doutrina? É possível que nos preparemos para os tempos que chegam, dando a todo o momento a nota do escândalo, apresentando-nos aos homens, como homens cheios de ambições, que não trepidam lançar mão até das coisas divinas, para gozo da carne e satisfação das paixões do mundo? Mas isto seria, simplesmente, uma obcecação do Espírito, pretender desobrigar-se de seus compromissos e penetrar no reino de Deus, cobertos dessas paixões e dessas misérias humanas! Isto seria não acreditardes naquilo que credes; seria zombar do nosso Criador, que, não exigindo de vós o sacrifício, vos pede, no entanto, que não transformeis Sua casa de oração, em covil de ladrões.

Sem caridade não há salvação; sem fraternidade não pode haver união!

Salvai-vos pela caridade, distribuindo o Bem por toda a parte, e até indistintamente, sem pensamento oculto, àqueles que vos pedem que lhes deis, ao menos, um testemunho moral da vossa crença, que lhes possa obrigar a respeitar, em vós, o indivíduo bem-intencionado e verdadeiramente cristão".

Bibliografia consultada:

AMORIM, D. *Doutrina Espírita.* 2.ed.Salvador: Circulus, 2002, p.p. 95-100.
CUIN João. *"Flama Espírita"*. Edição do mês de dezembro/2000.
DENIS, Léon. *O Problema do Ser, do Destino e da Dor.* 23.ed.Rio: FEB, 2000, 3ª parte, cap. 26.
DENIS, Léon. *O Problema do Ser, do Destino e da Dor.* 23.ed.Rio: FEB, 2000, 2ª parte, cap. XIII.
FILHO, Antônio Baduy. *Decisão.* 2.ed.Araras: IDE, 1991, cap. 29.
FRANCO, Divaldo. *Espírito e Vida.* 2.ed.Salvador: LEAL, 1978. p.26.
FRANCO, Divaldo. *Terapêutica de emergência.* 5.ed.Salvador: LEAL, 2003, cap. 53, p.220.
FRANCO, Divaldo. *Vigilância.* 2.ed.2002, Salvador: LEAL, cap. 17.
KARDEC, Allan. *O Livro dos Espíritos.* 88.ed.Rio [de Janeiro]: FEB, 2006, q. 4
KARDEC, Allan. *O Livro dos Espíritos.* 88.ed.Rio [de Janeiro]: FEB, 2006, q. 10 a 16.
KARDEC, Allan. *O Livro dos Espíritos.* 88.ed.Rio [de Janeiro]: FEB, 2006, q. 118.
KARDEC, Allan. *O Livro dos Espíritos.* 83.ed.Rio [de Janeiro]: FEB, 2003, q. 132.
KARDEC, Allan. *O Livro dos Espíritos.* 83.ed.Rio [de Janeiro]: FEB, 2002, q. 148, § 4º e 5º (expl)
KARDEC, Allan. *O Livro dos Espíritos.* 83.ed.Rio [de Janeiro]: FEB, 2002, q. 194a.
KARDEC, Allan. *O Livro dos Espíritos.* 83.ed.Rio [de Janeiro]: FEB, 2003, q. 196.
KARDEC, Allan. *O Livro dos Espíritos.* 83.ed.Rio [de Janeiro]: FEB, 2002, q. 202.
KARDEC, Allan. *O Livro dos Espíritos.* 88.ed.Rio [de Janeiro]: FEB, 2006, q. 941.
KARDEC, Allan. *O Livro dos Espíritos.* 83.ed.Rio [de Janeiro]: FEB, 2002, q. 1009.
KARDEC, Allan. *O Livro dos Espíritos.* 88.ed.Rio [de Janeiro]: FEB, 2006, conclusão, VII e VIII.
KARDEC, Allan. *O Livro dos Médiuns.* 71.ed.Rio: FEB, 2003, 1ª parte, cap. III, item 24.
KARDEC, Allan. *O Livro dos Médiuns.* 71.ed.Rio: FEB, 2003, 1ª parte, cap. III, item 30.
KARDEC, Allan. *O Livro dos Médiuns.* 71.ed.Rio: FEB, 2003, 2ª parte, cap. XXIII, itens 238-240.
KARDEC, Allan. *O Livro dos Médiuns.* 71.ed.Rio: FEB, 2003, 2ª parte, cap. XXV, itens 274-278.
KARDEC, Allan. *O Evangelho Seg. o Espiritismo.* 129.ed. Rio: FEB, 2009, Introdução, IV-IV
KARDEC, Allan. *O Evangelho Seg. o Espiritismo.* 129.ed. Rio: FEB, 2009, Introdução, IV-VI
KARDEC Allan. *O Evangelho Seg. o Espiritismo.* 121.ed. Rio: FEB, 2003, cap. I, item 7.
KARDEC, Allan. *O Evangelho Seg. o Espiritismo.* 129.ed. Rio: FEB, 2009, cap. I, item 8.
KARDEC, Allan. *O Evangelho Seg. o Espiritismo.* 129.ed. Rio: FEB, 2009, cap. I, item 9.
KARDEC, Allan. *O Evangelho Seg. o Espiritismo.* 121.ed. Rio: FEB, 2003, cap. I, item 11.
KARDEC, Allan. *O Evangelho Seg. o Espiritismo.* 121.ed. Rio: FEB, 2003, cap. II, item 5.
KARDEC, Allan. *O Evangelho Seg. o Espiritismo.* 121 ed. Rio: FEB, 2003, cap. III, itens 3 e 4.
KARDEC, Allan. *O Evangelho Seg. o Espiritismo.* 129.ed. Rio: FEB, 2009, cap. V, item 10.
KARDEC, Allan. *O Evangelho Seg. o Espiritismo.* 121.ed. Rio: FEB, 2003, cap. V, item 24.
KARDEC, Allan. *O Evangelho Seg. o Espiritismo.* 129.ed. Rio: FEB, 2009, cap. VII, item 6.

KARDEC, Allan. *O Evangelho Seg. o Espiritismo.* 121.ed. Rio: FEB, 2003, cap. VII, item 11.
KARDEC, Allan. *O Evangelho Seg. o Espiritismo.* 129.ed. Rio: FEB, 2009, cap. VIII, item 6.
KARDEC, Allan. *O Evangelho Seg. o Espiritismo.* 129.ed. Rio: FEB, 2009, cap. VIII, item 18.
KARDEC, Allan. *O Evangelho Seg. o Espiritismo.* 129.ed. Rio: FEB, 2009, cap. VIII, item 19.
KARDEC, Allan. *O Evangelho Seg. o Espiritismo.* 121.ed. Rio: FEB, 2003, cap. X, item 16.
KARDEC, Allan. *O Evangelho Seg. o Espiritismo.* 129.ed. Rio: FEB, 2009, cap. XI, item 8.
KARDEC, Allan. *O Evangelho Seg. o Espiritismo.* 121.ed. Rio: FEB, 2003, cap. XI, item 9,§ 3º
KARDEC, Allan. *O Evangelho Seg. o Espiritismo.* 125.ed. Rio: FEB, 2006, cap. XIII, item 9.
KARDEC, Allan. *O Evangelho Seg. o Espiritismo.* 125.ed. Rio: FEB, 2006, cap. XIII, item 10.
KARDEC, Allan. *O Evangelho Seg. o Espiritismo.* 129.ed. Rio: FEB, 2009, cap. XIII, item 11.
KARDEC, Allan. *O Evangelho Seg. o Espiritismo.* 129.ed. Rio: FEB, 2009, cap. XIII, item 12.
KARDEC, Allan. *O Evangelho Seg. o Espiritismo.* 129.ed. Rio: FEB, 2009, cap. XIII, item 17
KARDEC, Allan. *O Evangelho Seg. o Espiritismo.* 125.ed. Rio: FEB, 2006, cap. XIV, item 7.
KARDEC, Allan. *O Evangelho Seg. o Espiritismo.* 121.ed. Rio: FEB, 2003, cap. XVII, item 3.
KARDEC, Allan. *O Evangelho Seg. o Espiritismo.* 121.ed. Rio: FEB, 2003, cap. XVII, item 4.
KARDEC, Allan. *O Evangelho Seg. o Espiritismo.* 129.ed. Rio: FEB, 2009, cap. XIX, itens 9 e 10.
KARDEC, Allan. *O Evangelho Seg. o Espiritismo.* 121.ed. Rio: FEB, 2003, cap. XXVI, item 10.
KARDEC, Allan. *O Evangelho Seg. o Espiritismo.* 121.ed. Rio: FEB, 2003, cap. XXVIII, item 9.
KARDEC, Allan. *O Evangelho Seg. o Espiritismo.* 121.ed. Rio: FEB, 2003, cap. XXVIII, item 16
KARDEC, Allan. *O Evangelho Seg. o Espiritismo.* 121.ed. Rio: FEB, 2003, cap. XXVIII, item 20
KARDEC, Allan. *O Céu e o Inferno.* 51.ed. Rio: FEB, 2003, 1ª parte, cap. I, itens 11 a 14.
KARDEC, Allan. *O Céu e o Inferno.* 51.ed. Rio: FEB, 2003, 1ª parte, cap. II, item 6.
KARDEC, Allan. *O Céu e o Inferno.* 51.ed. Rio: FEB, 2003, 1ª parte, cap. II, itens 8, 10 a 15.
KARDEC, Allan. *O Céu e o Inferno.* 51.ed. Rio: FEB, 2003, 1ª parte, cap. III, item 6.
KARDEC, Allan. *O Céu e o Inferno.* 51.ed. Rio: FEB, 2003, 1ª parte, cap. III, item 18.
KARDEC, Allan. *O Céu e o Inferno.* 51.ed. Rio: FEB, 2003, 1ª parte, cap. V, item 4.
KARDEC, Allan. *O Céu e o Inferno.* 51.ed. Rio: FEB, 2003, 1ª parte, cap. IX, itens 4 a 6.
KARDEC, Allan. *O Céu e o Inferno.* 51.ed. Rio: FEB, 2003, 1ªparte, cap. XI, item 15, § 1º.

KARDEC, Allan. *O Céu e o Inferno*. 51.ed. Rio: FEB, 2002, 2ª parte, cap. I, item 14.
KARDEC, Allan. *O Céu e o Inferno*. 51.ed. Rio: FEB, 2003, 2ª parte, cap. I, itens 14 e 15.
KARDEC, Allan. *O Céu e o Inferno*. 51.ed. Rio: FEB, 2003, 2ª parte, cap. II. p. 241.
KARDEC, Allan. *O Céu e o Inferno*. 51.ed. Rio: FEB, 1944, 2ª parte, cap. IV.
KARDEC, Allan. *O Céu e o Inferno*. 51.ed. Rio: FEB, 2003, 2ª parte, cap. VI, p.p. 351 e 356.
KARDEC, Allan. *A Gênese*. 43.ed. Rio: FEB, 2003, cap. I, item 61.
KARDEC, Allan. *A Gênese*. 43.ed. Rio: FEB, 2003, cap. I, item 62,§ 5º, p. 51.
KARDEC, Allan. *A Gênese*. 43.ed. Rio: FEB, 2003, cap. IV, item 13, p. 91
KARDEC, Allan. *A Gênese*. 43.ed. Rio: FEB, 2003, cap. IX, item 14.
KARDEC, Allan. *A Gênese*. 43.ed. Rio: FEB, 2003, cap. XI, item 14.
KARDEC, Allan. *A Gênese*. 43.ed. Rio: FEB, 2003, cap. XI, item 28.
KARDEC, Allan. *A Gênese*. 43.ed. Rio: FEB, 2003, cap. XIII, itens 2, 3.
KARDEC, Allan. *A Gênese*. 43.ed. Rio: FEB, 2003, cap. XIII, itens 2, 3 e 15.
KARDEC, Allan. *A Gênese*. 43.ed. Rio: FEB, 2003, cap. XIII, itens 8 e 14.
KARDEC, Allan. *A Gênese*. 43.ed. Rio: FEB, 2003, cap. XIII, item 15.
KARDEC, Allan. *A Gênese*. 43.ed. Rio: FEB, 2003, cap. XIII, item 16.
KARDEC, Allan. *A Gênese*. 43.ed. Rio: FEB, 2003, cap. XIII, item 18.
KARDEC, Allan. *A Gênese*. 43.ed. Rio: FEB, 2003, cap. XIII, item 19.
KARDEC, Allan. *A Gênese*. 43.ed. Rio: FEB, 2003, cap. XV, item 1.
KARDEC, Allan. *A Gênese*. 43.ed. Rio: FEB, 2003, cap. XV, itens 47 e 48.
KARDEC, Allan. *A Gênese*. 43.ed. Rio: FEB, 2003, cap. XV, item 63.
KARDEC, Allan. *A Gênese*. 43.ed. Rio: FEB, 2003, cap. XV, item 65.
KARDEC, Allan. *A Gênese*. 43.ed. Rio: FEB, 2003, cap. XV, item 65 e 66.
KARDEC, Allan. *A Gênese*. 43.ed. Rio: FEB, 2003, cap. XVII, item 32, § 4º e 5º.
KARDEC, Allan. *Obras Póstumas*. 25.ed. Rio [de Janeiro]: FEB, 1990, p.p. 121-153.
KARDEC, Allan. *Revue Spirite. Março de 1860.* Araras: IDE, 1993.
KARDEC, Allan. *Revue Spirite. Junho de 1861.* Araras: IDE, 1993, p.181-184.
KARDEC, Allan. *Revue Spirite. Novembro de 1861.* Araras: IDE, 1993, p. 367.
KARDEC, Allan. *Revue Spirite. Janeiro de 1862.*Araras: IDE, 1993, p. 7.
KARDEC, Allan. *Revue Spirite. Fevereiro de 1862.* Araras: IDE, 1993.
KARDEC, Allan. *Revue Spirite Abril de 1862.* Araras: IDE, 1993, p.p. 106-109.
KARDEC, Allan. *Revue Spirite. Agosto de 1862.* Araras: IDE, 1993, p. 231.
KARDEC, Allan. *Revue Spirite. Outubro de 1862.* Araras: IDE, 1993. p.p. 291-294
KARDEC, Allan. *Revue Spirite. Dezembro de 1862.* Araras: IDE, 1993.p. 353-357.
KARDEC, Allan. *Revue Spirite. Dezembro de 1862.* Araras: IDE, p. 361.
KARDEC, Allan. *Revue Spirite, Dezembro de 1862.* Araras: IDE, 1993. p.p. 375-377.
KARDEC, Allan. *Revue Spirite. Janeiro de 1863.* Araras: IDE, 2000. p.p. 6-9.
KARDEC, Allan. *Revue Spirite. Janeiro de 1863.* Araras: IDE, 2000, p.p. 19-21.

Novo Testamento:
João, 3:7.
João, 7:28.
João, 8:1 e 11.
João, 10:10.
João, 14:2.
João, 14:16.
João, 14:26.

Lucas, 6:44.
Lucas, 15:7.
Lucas, 15:17.
Lucas, 17:10.
Lucas, 21:1 a 4.
Marcos, 3:22.
Marcos, 8:38.
Mateus, 5:14 e 16.
Mateus, 5:5, e Lucas, 6:21.
Mateus, 5:48.
Mateus, 7:6.
Mateus, 11:25.
Mateus, 13:12.
Mateus, 16:27.
Mateus, 24:24.
Mateus, 26:41.
Paulo, I coríntios, 8:1.
Paulo, I coríntios, 13:13.
Paulo, I tessalonicenses, 5:5.
Revista *Presença Espírita* de setembro/outubro de 2004, p. 58.
Velho Testamento: Moisés, Gênesis, 2:10.
XAVIER, F. Cândido. *A Caminho da Luz*. 37.ed. Rio: FEB, 2008, cap. I
XAVIER, F. Cândido. *A Caminho da Luz*. 37.ed. Rio: FEB, 2008, cap. XXV.
XAVIER, F. Cândido. *Falando à Terra*. 3.ed. Rio: FEB, 1974, cap.*"Reflexões"*.
XAVIER, F. Cândido. *Espírito de Verdade*. 3.ed. Rio: FEB, 1977, cap. 8.
XAVIER, F. Cândido. *Ação e Reação*. 5.ed. Rio: FEB, 1976, cap. 4.

O Evangelista João disse que, se fosse possível escrever tudo o que Jesus fez, provavelmente o mundo seria incapaz de comportar tantos livros. Sábia colocação. Os textos que compõem o Novo Testamento são materiais de pesquisa para muito tempo ainda. **Tocados por Ele** vem da Espiritualidade, com personagens que se encontraram com o Mestre e foram tocados pela sua Divina Presença. Vamos senti-los, às vezes, acuados, temerosos, sonhadores, esperançosos. Enfermos ou não. Injustiçados ou equivocados. Enfim, um palco em que a Sinfonia Divina encenou para a humanidade o poema da distinção, da filiação a Deus, do enobrecimento de cada um. Tocados por Ele, nunca mais seremos os mesmos. Isto é o que se vê nesta obra.

GUARACI DE LIMA SILVEIRA

• 216 páginas